降龙伏虎

指数平滑异同移动平均线（MACD）的组合应用

周家勋　周涛 ⊙ 著

看懂、摸透MACD，

找出常人难以发现的买入、卖出信号，稳稳当当赚大钱！

方法简便实用、图例真实可靠、语言通俗易懂，

无需他人指点，即可依据书中方法独立操作。

北方联合出版传媒（集团）股份有限公司

万卷出版公司
VOLUMES PUBLISHING COMPANY

ⓒ 周家勋、周涛 2010

图书在版编目（CIP）数据

降龙伏虎：指数平滑异同移动平均线（MACD）的组合应用／周家勋，周涛著．－－沈阳：万卷出版公司，2010.5

（引领时代）

ISBN 978-7-5470-0880-5

Ⅰ．①降… Ⅱ．①周… ②周… Ⅲ．①股票—证券交易—基本知识 Ⅳ．① F830.91

中国版本图书馆 CIP 数据核字（2010）第 068789 号

出 版 者	北方联合出版传媒（集团）股份有限公司
	万卷出版公司（沈阳市和平区十一纬路29号　邮政编码　110003）
联系电话	024-23284090　　**邮购电话**　024-23284627
电子信箱	vpc_tougao@163.com
印　　刷	北京天来印务有限公司
经　　销	各地新华书店发行
成书尺寸	165mm × 245mm　**印张**　18.5
版　　次	2010 年 7 月第 1 版　2010 年 7 月第 1 次印刷
责任编辑	王旖旎　　**字数**　260 千字
书　　号	ISBN 978-7-5470-0880-5
定　　价	48.00 元

——前 言——

Preface

在证券市场上赚得既稳又多的投资者，一般都有一套适合自己个性的操盘方法，他们炒股、炒汇以至炒股指期货等等，均不靠运气，也不凭感觉，而是长期依据某种技术指标进行买卖。这样的投资者，一般能在大牛行情里大赚，小牛行情里小赚，长期立于不败之地。但让人感到遗憾的是，不少投资者，因没有掌握一套适合自己个性的操盘技术，往往在大牛行情里"只赚指数不赚钱"，或虽有一点小赚，但熊市一到，就被深度套牢，长期动弹不得。

这本《降龙伏虎——指数平滑异同移动平均线（MACD）的组合应用》一书，就是专为目前还未找到一套适合自己操盘技术的投资者写的，只要投资者坚持按照书中介绍的方法买卖股票，就能笑傲江湖，轻松取胜。

《降龙伏虎——指数平滑异同移动平均线（MACD）的组合应用》一书，是笔者在长期实践中摸索出来的一套炒股绝招。有人问，你把绝招告诉了别人，不觉得吃亏吗？笔者的回答是，吃亏是存在的，因为这些绝招，是笔者花了大量的心血和无数次试验性的操盘损失换来的，没得到丝毫的补偿，就公诸于众，心里确实有点"不舒服"，但笔者一想到成千上万的股民朋友，特别是近年来开户的新股民，一轮行情下来，少则亏损数万，多则数十万以至数百万，但又无法将亏掉的损失扳回来的无可奈何的心情时，就不觉得吃亏了。相反的是，笔者的这本《降龙伏虎——指数平滑异同移动平均线（MACD）的组合应用》著作，若能有效地帮助投资者摆脱困境，就是对笔者最大的回报和补偿，笔者也就心满意足了。

作者：周家勋　周涛

2010年2月4日

目　录
CONTENTS

降龙伏虎

指数平滑异同移动平均线（MACD）的组合应用

第四章　实战应用   **195**

第五章　对上年判断的验证   **263**

－－后记－－   **291**

第一章

Chapter1

三离三靠组合的应用

"三离三靠"，是指指数平滑异同移动平均线（MACD）指标中的DIFF线（白色线），在一段行情中，三次离开和三次靠拢DEA线（黄色线）的一种走势。该形态分为DIFF线处在DEA线下方的"三离三靠"、DIFF线处在DEA线上方的"三离三靠"和DIFF线与股价呈背离走势的"三离三靠"等三种走势。上述三种形态均能给投资者提供可靠的进出点信号，据此操作能稳妥获利。下面分别对其进行介绍。

第一节　DIFF线处在DEA线下方的三离三靠

Section1

DIFF线处在DEA线下方的"三离三靠"较好辨认，即DIFF线在下，DEA线在上，两线同时由上向下运行，在运行过程中，DIFF线出现三次离开与三次靠拢DEA线的走势，就称为"DIFF线处在DEA线下方的三离三靠"。该组合应具备的特征和应用法则是：

1. DIFF线应始终处在DEA线的下方，只有在个别情况下，DIFF线"靠拢"DEA线时，才允许DIFF线上升到DEA线之上，但停留的时间应较短。

2. DIFF线处在DEA线下方的"三离三靠"组合多处在下降行情中，每一段下降行情，"离"与"靠"一般都会出现三次，呈降幂排列，即第2离和第2靠应低于第1离和第1靠，第3离和第3靠又低于第2离和第2靠。在个别情况下，第3离和第3靠有时与第2离和第2靠处在同一水平线上，或略高于第2离和第2靠。

3. DIFF线处在DEA线下方的"三离三靠"组合的应用法则是：

第1离和第2离出现时，应等待观望，不买不卖。

第1靠和第2靠出现时，均应卖出股票。

第3离和第3靠出现时，则应及时买入。

第1离和第2离不买不卖的理由是：因为在下降行情中，第1离和第2离是下降波段调整到位的信号，所以应买入才对，但第1离和第2离均处在较高的价位，且反弹的幅度一般不大，很难做出差价，做多后容易挨套，所以不宜买入。不卖的理由是，第1离和第2离出现后，股价多会出现一波反弹行情，在反弹之后卖出，一般能增加1～3个百分点的收益。

第1靠和第2靠应卖出的理由是：第1靠和第2靠是股价反弹即将结束的信号，此时卖出正好卖在高位，而且是规避大跌风险最有利的时机，所以无论是获利盘还是套牢盘，均应趁此机会减仓。

第3离做多的理由是：股价经过三波下跌后，先前的获利盘已回吐得差不多了，套牢盘因股价跌得较深也不会在低位割肉，空仓者则认为做多的时机成熟，于是纷纷进场吸纳，在这种卖压减轻、做多力量增强的情况下，股价就会止跌反弹，第3离的出现日，又多处在下跌第三波的最低点附近，此时介入多能抄到大底，后市也能稳妥获利，所以在第3离出现时，应及时进场做多。

第3靠做多的理由是：因为第3靠多处在熊牛转换的拐点位置，股价经过一轮惨跌后，价格已跌得面目前非了，所以只要有一点利好，就会强劲反弹，此时买入能轻松获利。

下面以吉电股份（000875）、三元股份（600429）和武汉控股（600168）等股票为例，以此来印证DIFF线处在DEA线下方时，"三离三靠"组合做多与做空的有效性。

图1－1是吉电股份（000875）2007年9月中旬—2008年4月下旬的日线走势图。从图中可以看出，该股在2008年3月4日—2008年4月22日的这段下降行情中走出了一组相当清晰的DIFF线处在DEA线下方的"三离三靠"组合。

该组合的第一离出现在2008年3月19日，DIFF线为－0.28，DEA线为－0.08，DIFF线处在DEA线下方的离距为－0.20，相对应的股价6.98元。

第二离出现在2008年4月3日，DIFF线为－0.55，DEA线为－0.41，DIFF线处在DEA线下方的离距为－0.14，相对应的股价为5.81元。

第三离出现在2008年4月21日，DIFF线为−0.65，DEA线为−0.57，DIFF线处在DEA线下方的离距为−0.08，相对应的股价为4.81元。

该组合的第一靠、第二靠和第三靠，分别出现在2008年3月28日、4月11日、4月22日，三次靠拢的间距分别为−0.08、−0.04和−0.02。相对应的股价分别为6.86元、5.92元和5.11元。

该股DIFF线处在DEA线下方的"三离三靠"的走势，完全印证了"第一离、第二离不买不卖，第一靠和第二靠应卖出，第三离和第三靠均应买入"的操作法则。第一离、第二离出现后，该股仅分别上涨了5.58%和8.06%，除去买不到最低价和卖不出最高价的因素，很难做出差价，加上其他因素，在第一离第二离买进的筹码多数会被套在高位，进而印证了第一离和第二离不买不卖的操作法则是完全正确的（见图1-2和图1-3）。

第一靠和第二靠出现后，分别下跌了32.06%和21.28%，如果

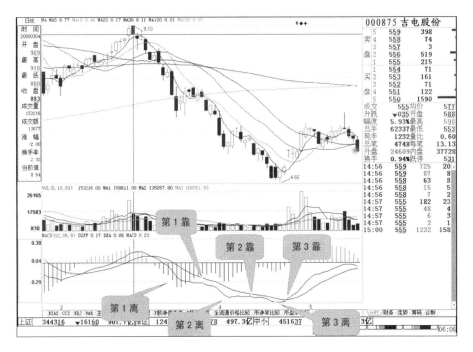

图1-1

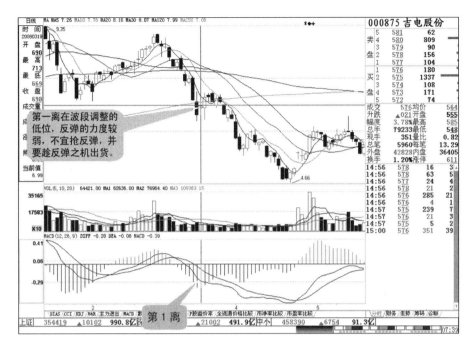

图1-2

不及时卖出，则其损失就可想而知（见图1-4和图1-5）。

第三离出现后，该股就由2008年4月21日第三离出现日的4.81元上升到2008年4月30日的6.34元，上涨了31.80%（见图1-6右上标注）。第三靠出现后，股价就由第三靠出现日2008年4月23日的5.11元上升到4月30日的6.34元，上涨了24.07%（见图1-7右上标注）。在第三离或第三靠相对应的价位附近做多的投资者，至少能获得20%以上的收益，在不到两周的时间里能获得如此丰厚的收益是不多见的，这表明DIFF线处在DEA线下方的"三离三靠"组合是"逃顶抄底"的绝招，可以放心操作。

下面我们来分析三元股份（600429）的走势。

图1-8是该股2007年9月14日—2008年4月30日的日线走势图。图中显示，该股在2008年3月上旬—4月下旬的这段下跌行情中走出了一组十分明显的"三离三靠"组合。

第一离出现在2008年3月19日，DIFF线为-0.20，DEA线为-0.02，DIFF线处在DEA线下方的距离为-0.18，相对应的股

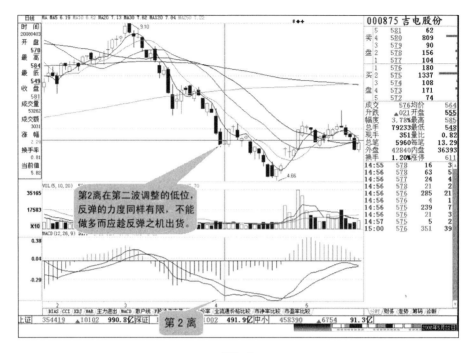

图1-3

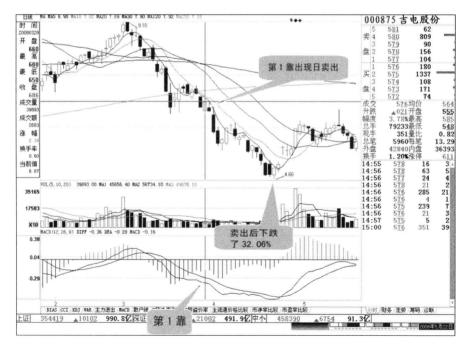

图1-4

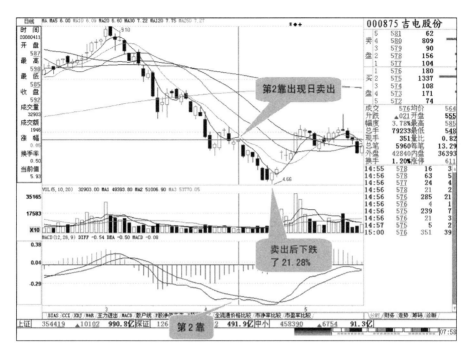

图1-5

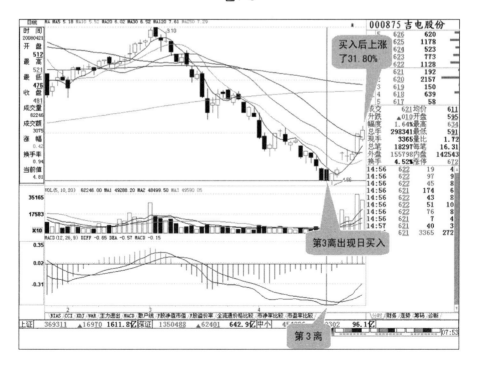

图1-6

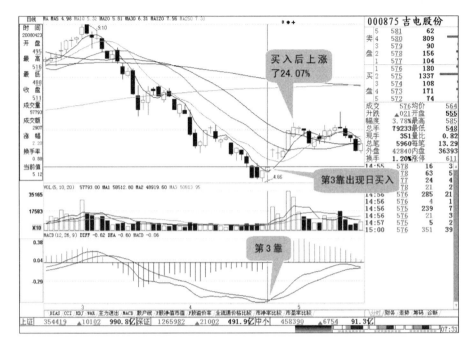

图1-7

价为7.09元。第一离出现后，股价反弹了10.71%，所以第一离出现时，不能卖出，但也不能买进，因为反弹的幅度有限，做多的风险较大，故第一离出现时，既不能买也不能卖（见图1-9上标注）。

　　第二离出现在2008年4月7日，DIFF线为-0.46，DEA线为-0.34，DIFF线处在DEA线下方的离距为-0.12，相对应的股价为6.34元。第二离出现后，股价反弹了10.09%，这同样说明第二离出现时，是不能卖出的，因反弹的幅度还小于第一离，也不能买进，故第二离出现时，同样是不能买也不能卖（见图1-10上标注）。

　　第三离出现在2008年4月23日，DIFF线为-0.57，DEA线为-0.47，DIFF线处在DEA线下方的离距为-0.10，相对应的股价为5.29元。第三离出现后，该股就由2008年4月23日（第三离出现日）的5.29元上升到2008年5月13日的8.25元，上涨了55.95%（见图1-13右上标注）。这表明第三离是可信的做多信号，可以放心买入。

该组合的第一靠、第二靠和第三靠，分别出现在2008年3月26日、4月11日和4月29日，三次靠拢的间距分别为-0.09、-0.00和-0.00。相对应的股价分别为7.54元、6.75元和6.11元。第一靠和第二靠出现后，股价分别下跌了33.15%和25.33%（见图1-11和图1-12）。第三靠出现后，该股就转势上扬，股价由2008年4月29日第三靠出现日的6.11元上升到2008年5月13日的8.25元，上涨了35.02%（见图1-14上标注）。

下面我们再来看看武汉控股（600168）的走势。

图1-15是该股2007年9月14日—2008年4月29日的日线走势图。图中显示，该股在2007年3月中旬—4月下旬的这段下跌行情中也走出了一组十分明显的"三离三靠"组合。

第一离出现在2008年3月19日，DIFF线为-0.28，DEA线为-0.06，DIFF线处在DEA线下方的距离为-0.12，相对应的股价为8.31元。第一离出现后，股价仅反弹了9.26%，这就再次说明

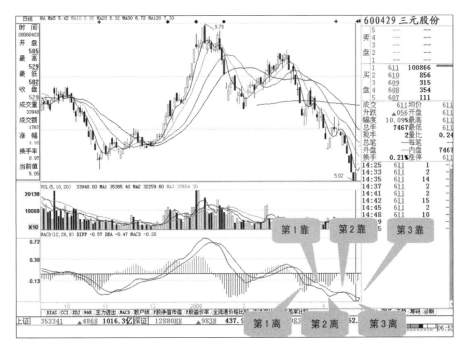

图1-8

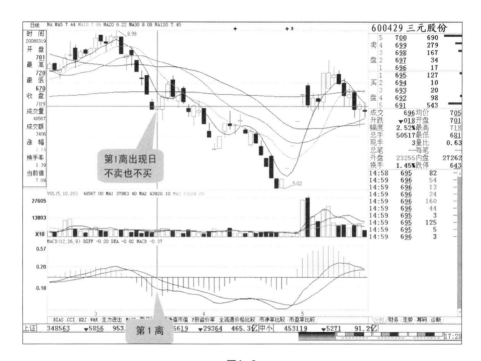

图1-9

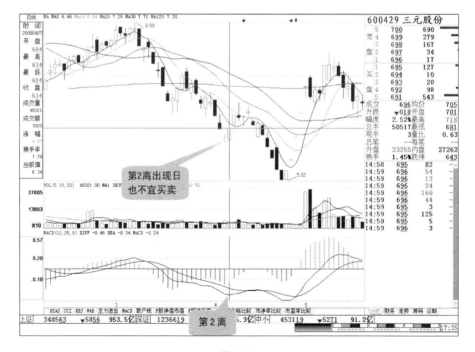

图1-10

图1-11

图1-12

图1—13

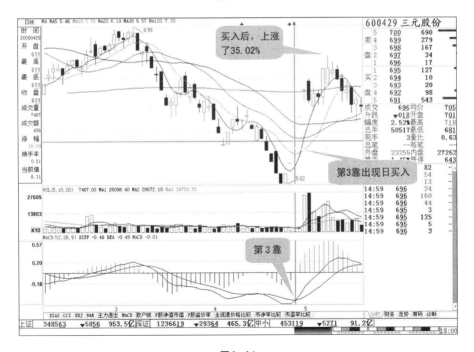

图1—14

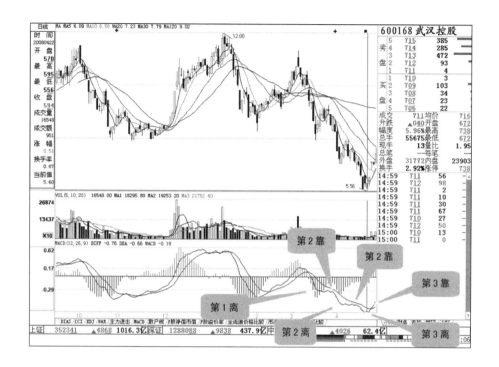

图1-15

了第一离出现时，既不能买进也不能卖出的操作法则是完全正确的（见图1-16）。

第二离出现在2008年4月7日，DIFF线为-0.59，DEA线为-0.44，DIFF线处在DEA线下方的离距为-0.15，相对应的股价为7.45元。第二离出现后，股价也只反弹了10.09%，这同样证明了第二离不能买进也不能卖出（见图1-17上标注）。

第三离出现在2008年4月24日，DIFF线为-0.76，DEA线为-0.66，DIFF线处在DEA线下方的离距为-0.10，相对应的股价为5.94元。第三离出现后，该股就由2008年4月22日第三离出现日的5.94元上升到2008年4月29日的7.38元，上涨了24.24%（见图1-18右上标注），再次证明第三离是可信的做多信号。

该股的第一靠、第二靠和第三靠，分别出现在2008年3月26日、4月11日和4月24日，三次靠拢的间距分别为-0.07、-0.05和-0.01，相对应的股价分别为8.91元、7.35元和6.79元。第一靠和第二靠出现后，股价分别下跌了37.59%和31.98%（见图1-19、

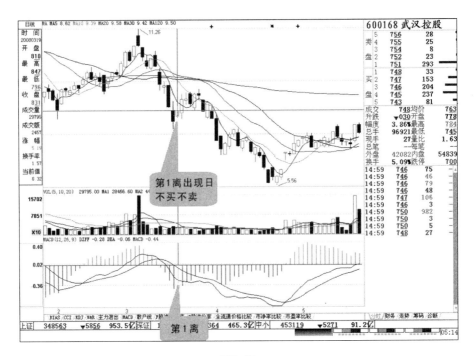

图1—16

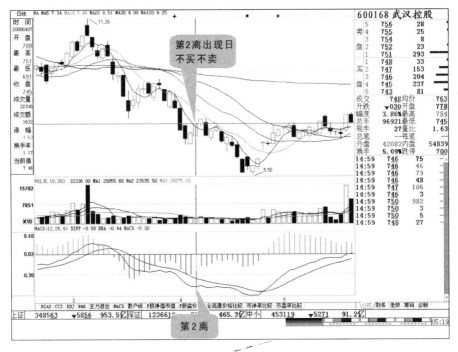

图1—17

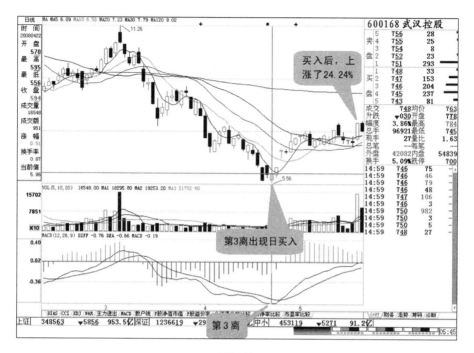

图1-18

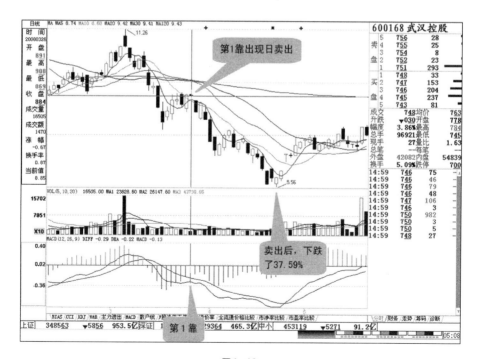

图1-19

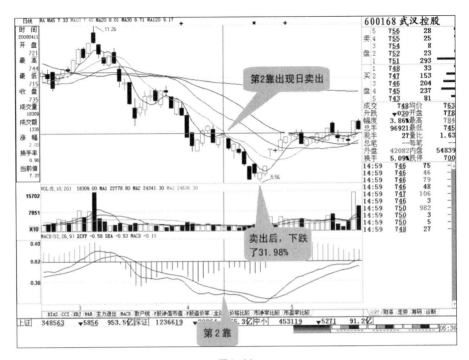

图1-20

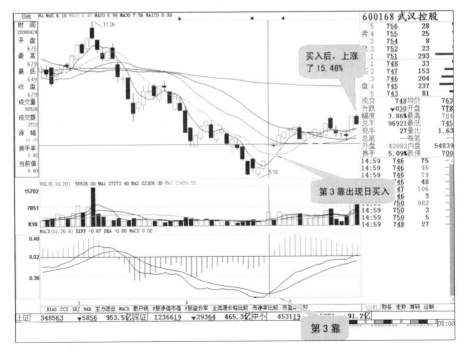

图1-21

图1-20）。第三靠出现后，该股就止跌反弹，股价由2008年4月24日第三靠出现日的6.79元上升到2008年5月22日的7.84元，上涨了15.46%（见图1-21上标注）。

以上三例的走势充分表明，DIFF线处在DEA线下方的"三离三靠"组合是十分可信的逃顶与抄底信号，可放心操作，但在具体操作时要注意以下几点：

一是要注意找准"三离三靠"组合中的"离"与"靠"的位置。办法是依据MACD柱线长短进行确认。一般来讲，DIFF线在高位死叉DEA线后，第一波最长的柱线出现日就是DIFF线与DEA线的距离拉得最大的一天，可作为第一离的位置。同波中最短的柱线出现日就是DIFF线与DEA线靠得最近的一天，可作为第一靠的位置。依此类推，第二波最长柱线和最短柱线的出现日就是第二离和第二靠的位置。第三波最长柱线和最短柱线的出现日就是第三离和第三靠的位置。依据这一方法确定"离"、"靠"的位置，既准确又直观，操作时也不费力（见图1-22、图1-23）。

二是"三离三靠"组合只能处在同一个下降波中，而不能跨波段。所谓同一个波段，就是指"三离三靠"组合的全过程必须处在DIFF线在高位死叉DEA线之后，又在低位金叉DEA线之前的这段范围内，超过这一范围的"三离三靠"组合不是本节研究的对象。本节中的"三离三靠"组合，均是处在同一个下降波中的标准形态。如吉电股份（000875）在2008年3月中旬到4月下旬形成的"三离三靠"组合，就是处在DIFF线死叉DEA线和DIFF线金叉DEA线之间。当时DIFF线死叉DEA线的时间为2008年3月10日，DIFF线金叉DEA线的时间为2008年4月24日，"三离三靠"的时间是2008年3月19日—4月23日，完全处在同一个下降波中（见图1-24下标注）。又如三元股份（600429），DIFF线死叉DEA线的时间为2008年3月12日，DIFF线金叉DEA线的时间为2008年4月30日，"三离三靠"的时间为2008年3月19日—4月29日，同样处在同一个下降波中（见图1-25下标注）。武汉控股（600168）的走势也是如此，这里就不具体介绍了，请读者自己观察。

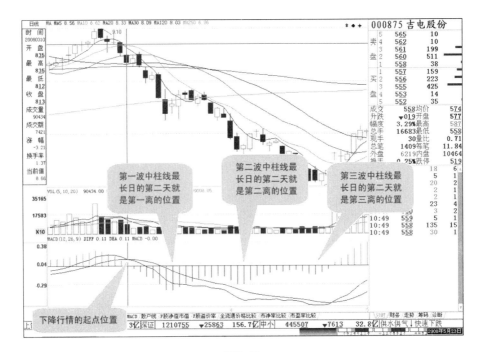

图1-22

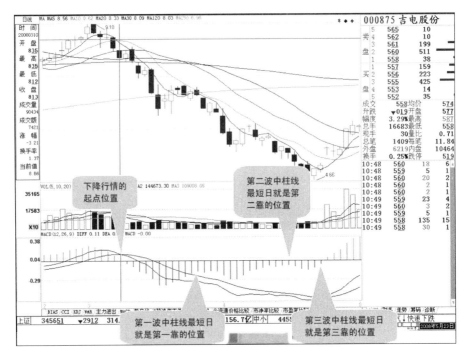

图1-23

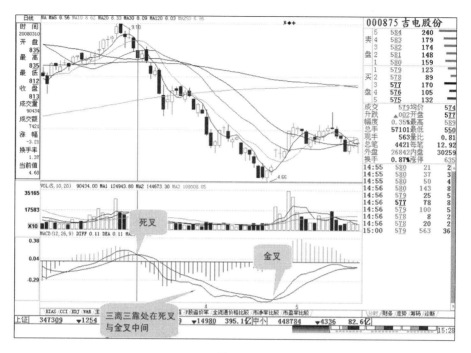

图1-24

　　DIFF线处在DEA线下方的"三离三靠"组合,大多数的"离、靠"明显,但有少数却不够清晰,有的还会出现四离四靠的走势,从而给操作带来困难,为了不失时机地逃顶或抄底,不管是三离三靠,还是四离四靠,第一、二靠出现时,都要坚决出货,买入股票时,则须观察DIFF线是否在低位金叉了DEA线,金叉后,才可介入,而没出现金叉时,就得等待观望,千万不要盲目出手。如东方钽业(000962)这支股票,在2008年1月31日—2008年4月9日的这段下跌行情中,出现的不是"三离三靠",而是四离四靠,操作时不好把握卖出和买进的最佳点位,唯一的办法就是坚持第一靠和第二靠卖出,然后等待"金叉",金叉出现后再买回。这样既不会错失进出良机,也不会承受太大的风险,进而能起到双保险的作用(见图1-26各标注)。

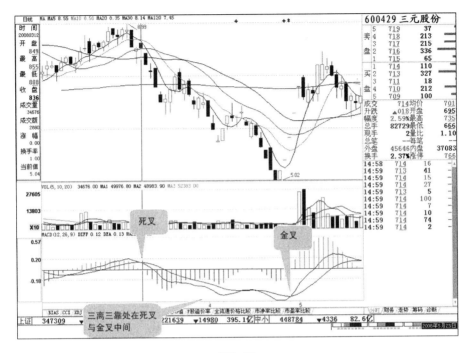

图1-25

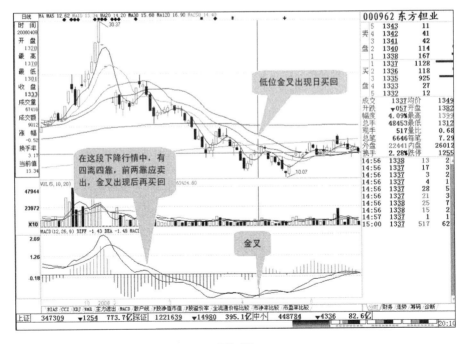

图1-26

第二节　DIFF处在DEA上方的三离三靠

Section 2

DIFF处在DEA上方的"三离三靠"，是指在一段上升行情中，DIFF线三次离开和三次靠拢DEA线的一种走势。该组合应具备的特征和应用法则是：

1.DIFF线应始终处在DEA线的上方，即使在靠拢时，DIFF线跌破了DEA线，也应很快返回到DEA线之上。

2.DIFF线与DEA线的"离点"和"靠点"，应根据MACD红色柱线的长短确定，红色柱线最长的第二天就是DIFF线的离点出现日，红色柱线最短的第二天为DIFF线的"靠点"出现日。

3.DIFF线处在DEA线上方的"三离三靠"组合，每一段上升行情，离与靠同样一般只会出现三次，离靠走势呈升幂排列，即第2离第2靠高于第1离第1靠，第3离第3靠又高于第2离第2靠。只有在个别情况下，第3离第3靠才会与第2离第2靠持平，或略高于第2离第2靠。

4.DIFF线处在DEA线上方时的"三离三靠"组合的应用法则是：

一是第1离、第2离、第3离出现时，均应卖出股票。

二是第1靠、第2靠出现时，应买进股票，而第3靠出现时，又应卖出股票。

第1离、第2离和第3离应卖出的理由是：因为在上升行情中的第1离、第2离和第3离分别处在第一上升波、第二上升波和第三上升波的波峰位置，股价均有一定的升幅，不少获利盘会"落袋为安"，为此在三个波峰之后股价会分别回调，在DIFF线离开DEA线时卖出股票就能轻松赚一次差价。

第1靠和第2靠买入的理由是：因这两靠多处在波段调整结束的位置，第1靠和第2靠出现后，股价还会重拾升势，所以此时买入正好赶上下次的反弹，获利十分可靠。

第3靠卖出的理由是：因为这一靠处在第三上升波的顶部，大家知道，股市行情一般是上升三波后就会出现一次较大级别的调整，股价一般要下跌至前升幅的三分之一甚至跌回到前起涨点的附近，如果不在第3靠时卖出股票，那么就会挨套。

下面以高鸿股份（000851）、波导股份（600130）和数源科技（000909）等股票为例，以此来印证DIFF线处在DEA线上方时的"三离三靠"组合的有效性。

高鸿股份（000851）在2007年10月下旬—2008年1月下旬的这段上升行情中，走出了一个十分清晰的"三离三靠"组合（见图1-27）。

该组合的第一离出现在2007年11月15日，当日的DIFF线为-0.19，DEA线为-0.38，DIFF线处在DEA线上方的离距为-0.19，相对应的股价为9.51元。第一离出现后，股价就由第一离出现日的9.51元下跌到2007年11月23日的7.91元，下跌了16.82%（见图1-28右中标注）。

第二离出现在2007年12月17日，当日的DIFF线为0.09，DEA线为-0.04，DIFF线处在DEA线上方的离距为0.13，相对应的股价9.55元。第二离出现后，股价就由第二离出现日的9.55元下跌到2007年12月18日的8.99元，下跌了5.86%（见图1-29右中标注）。

第三离出现在2008年1月4日，当日的DIFF线为0.91，DEA线为0.50，DIFF线处在DEA线上方的离距为0.41，相对应的股价为9.51元。第三离出现后，股价就由第三离出现日的12.82元下跌到2008年2月1日的10.50元，下跌了18.09%（见图1-30右中标注）。

该组合的第一靠、第二靠和第三靠分别出现在2007年11月23日、12月25日和2008年1月18日，DIFF线与DEA线三次靠拢的间距分别为0.01、0.10和0.03，相对应的股价分别为8.34元、9.60元和13.19元。第一靠和第二靠出现后，股价分别上涨了66.06%和44.27%（见图1-31和图1-32上标注）。第三靠出现后，该股就转势下行，股价由2008年1月18日第三靠出现日的13.19元下跌到2008年2月1日的10.50元，下跌了20.39%（见图1-33右中标注）。

　　该股的上述走势表明，上升行情中的第一离、第二离、第三离和第三靠是非常可信的做空信号，应果断卖出股票，而第一靠和第二靠则是可信的做多信号，可放心买入。

　　我们再来看看波导股份（600130）的走势。该股在2007年7月下旬－2007年9月下旬的这段上升行情中，也走出了一个相当标准的"三离三靠"组合（见图1-34）。

　　该组合的第一离出现在2007年7月30日，当日的DIFF线为-0.04，DEA线为-0.21，DIFF线处在DEA线上方的离距为-0.17，相对应的股价为5.29元。第一离出现后，股价就由第一离出现日的5.29元下跌到2007年8月2日的4.80元，下跌了9.26%（见图1-35右中标注）。

　　第二离出现在2007年8月24日，当日的DIFF线为0.23，DEA线为0.13，DIFF线处在DEA线上方的离距为0.10，相对应的股价为6.05元。第二离出现后，股价就由第二离出现日的6.05元下

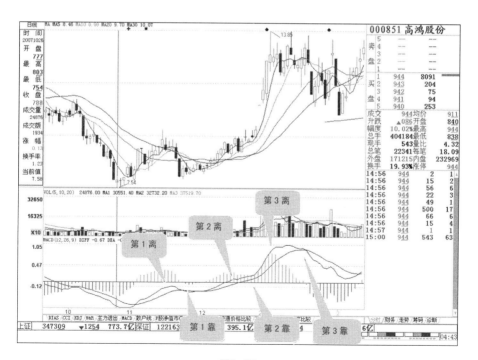

图1-27

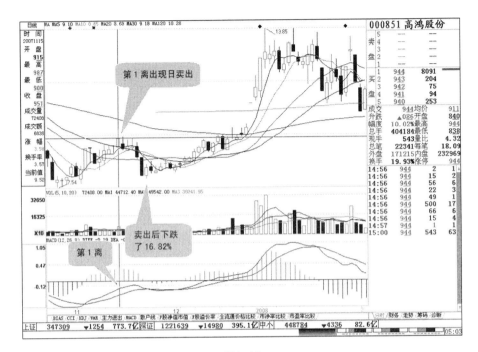

图1-28

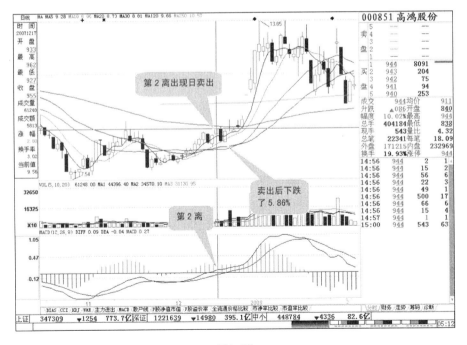

图1-29

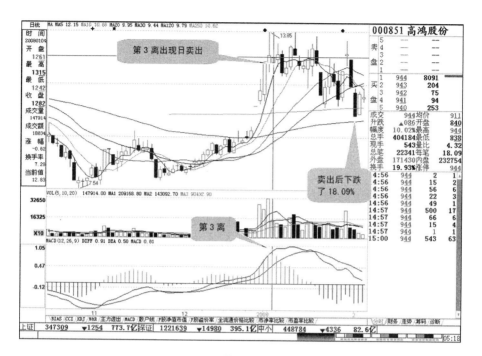

图1-30

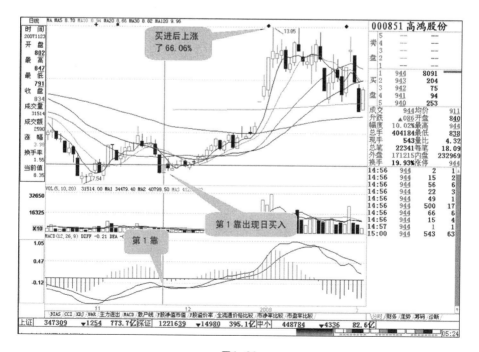

图1-31

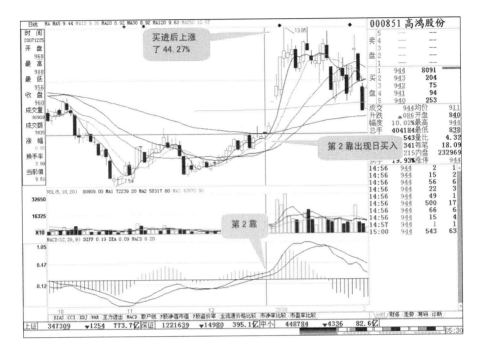

图1-32

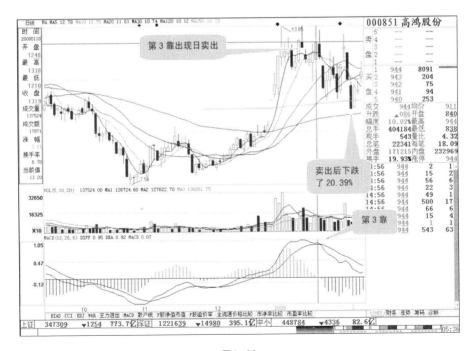

图1-33

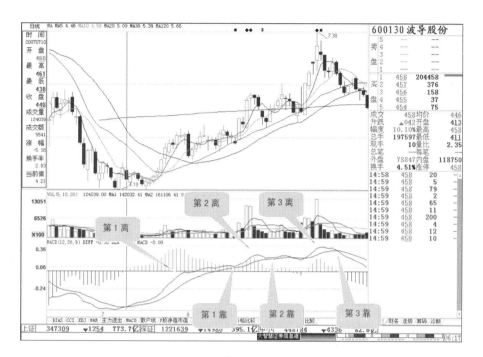

图1-34

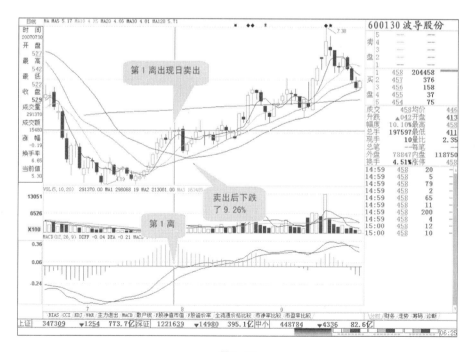

图1-35

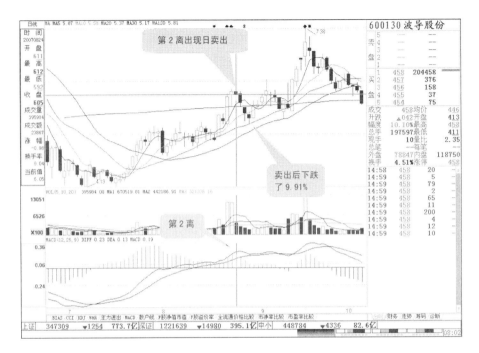

图1-36

跌到2007年8月29日的5.45元，下跌了9.91%（见图1-36右中标注）。

第三离出现在2007年9月18日，当日的DIFF线为0.36，DEA线为0.26，DIFF线处在DEA线上方的离距为0.10，相对应的股价为6.92元。第三离出现后，股价就由第三离出现日的6.92元下跌到2007年10月29日的4.35元，下跌了37.13%（见图1-37下右标注）。

该组合的第一靠、第二靠和第三靠分别出现在2007年8月17日、8月31日和9月24日，DIFF线与DEA线三次靠拢的间距分别为0.02、0.02和0.01，相对应的股价分别为5.14元、5.85元和6.54元。第一靠和第二靠出现后，股价分别上涨了43.51%和26.15%（见图1-38、图1-39）。第三靠出现后，该股就转势下行，股价由2007年9月24日第三靠出现日的6.54元下跌到2007年10月29日的4.35元，下跌了33.48%（见图1-40下右标注）。

数源科技（000909）在2007年11月9日－2008年1月17日这段

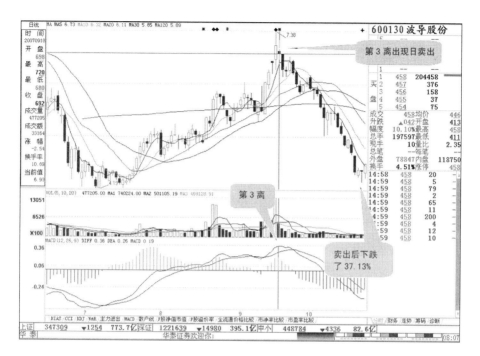

图1-37

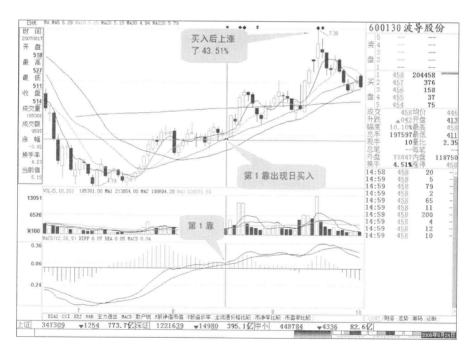

图1-38

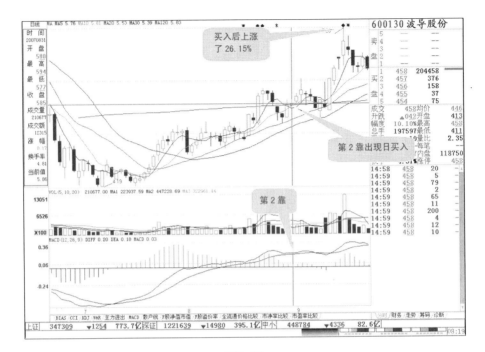

图1-39

图1-40

上升行情中出现的"三离三靠"组合（见图1-41），同样印证了第一离、第二离、第三离和第三靠是可信的做空信号，第一靠、第二靠是可信的做多信号，据此操作次次都获得了成功。

该股的第一离、第二离、第三离分别出现在2007年11月20日、2007年12月12日和2008年1月7日（见图1-40上标注），其后，股价分别下跌了9.70%、4.80%、28.21%（见图1-42、图1-43、图1-44）。

该组合的第一靠、第二靠和第三靠分别出现在2007年11月28日、2007年12月19日和2008年1月16日，第一、二靠出现后，股价分别上涨了33.86%和20.86%（见图1-45、图1-46）。第三靠出现后，下跌了26.67%（见图1-47中标注）。

上述三支股票的走势表明，投资者只要按上升行情中的"三离三靠"的法则进行操作，就能获得丰厚的收益。但在具体操作时，应注意以下几点：

一是上升行情中"三离三靠"的第1离、第2离、第3离显示

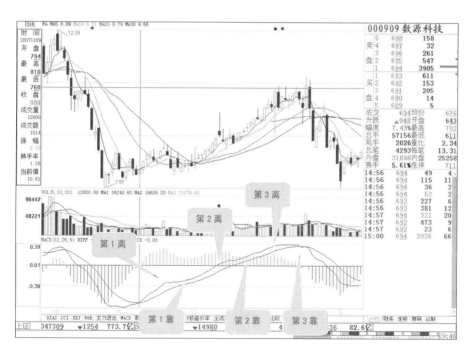

图1-41

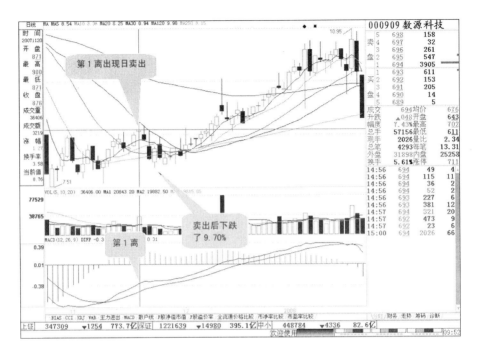

图1-42

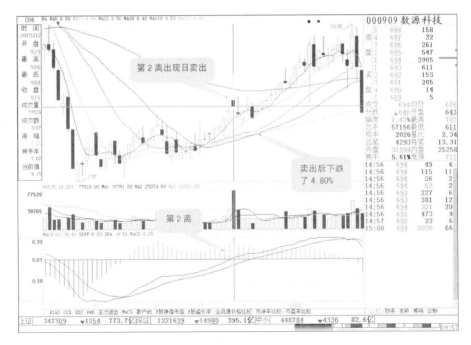

图1-43

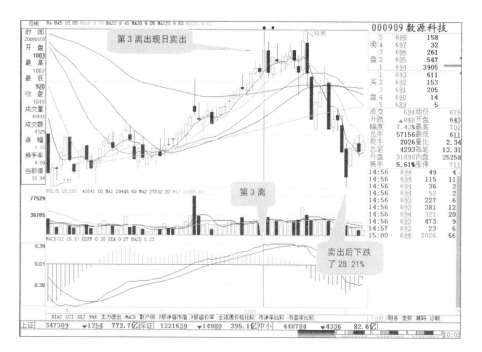

图1-44

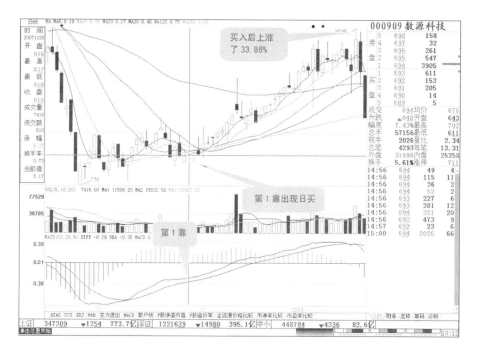

图1-45

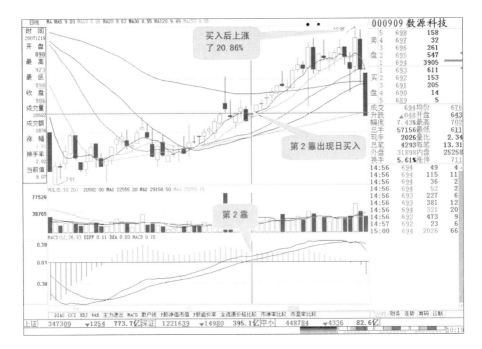

图1-46

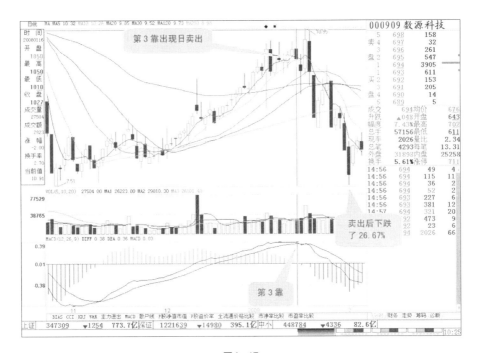

图1-47

的是做空信号，应卖出股票。本节中的三个实例都印证了这一应用法则是有效的，能给投资者带来收益。但第一离、第二离卖出后，存在一定的"踏空"风险，因为上升行情中的第一离和第二离只是波段见顶信号，回调后还会继续上涨，如果在第一离或第二离卖出后不能及时买回，或没有机会补回，那么就很容易丢掉大部分的上涨收益。如数源科技（000909）中的第二离出现后，股价仅下跌了4.80%就重拾升势，接着又上涨了一个多月，继续上涨的幅度达14.64%，相当于一波中级上涨行情的收益，踏空的损失不小。

二是"三离三靠"组合中的第三离和第三靠是多头逃顶的两次难得机会，在第三离出现时，应果断卖出，如因某种原因没来得及出逃，那么无论如何都应在第三靠出现时清仓，这是最后一次逃顶的机会，绝不能错失，否则就会后悔一辈子。如波导股份（600130）中的第三离出现后，股价下跌了37.13%（见图1-37），四天后，出现了第三靠，该靠出现后，股价接着下跌了33.48%（见图1-40），如果不及时卖出，则挨套的滋味可就不好受了。

三是在一段上涨行情中，有时会出现两组以至三组以上的"三离三靠"组合，只能一组一组地进行买卖，而不能把两组合为一组进行跨波段操作。如华夏建通（600149）在2007年11月上旬—2008年3月上旬的这段上升行情中就出现了两组"三离三靠"组合，第一组出现在2007年11月14日—2008年1月16日（见图1-48下左标注），第二组出现在2008年1月30日—2008年3月7日（见图1-48下右标注），两组中间有一次幅度较大的波动，在操作时应依据前后两组的离靠进行买卖，而不能将两组合二为一，那样就会打乱节奏，踏错节拍，从而很难获利。

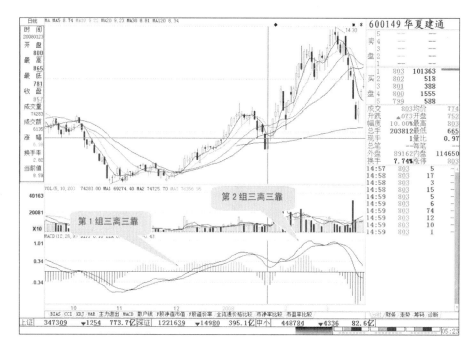

图1-48

第三节　股价与DIFF线相背离的三离三靠

Section 3

　　股价与DIFF线相背离的"三离三靠"，是指股价一顶比一顶高，呈上升趋势，而指数平滑异同移动平均线指标中的DIFF线却一顶比一顶低，呈下降趋势。或者是，股价一顶比一顶低，呈下降趋势，而指数平滑异同移动平均线指标中的DIFF线却一顶比一顶高，呈上升趋势。上述两种走势中出现的"三离三靠"均属于"K线与DIFF线相背离的三离三靠"，前者为"顶背离"，后者为"底背离"。

　　顶背离"三离三靠"应具备的特征和应用法则是：

　　1.顶背离中的第三离出现时，股价应处在较高的价位。

　　2.指数平滑异同移动平均线指标中的DIFF线，应处在DEA线之下，两线均应为正值。

3.顶背离的操作法则是：第1离、第2离和第3离均应买入；第1靠、第2靠和第3靠均应卖出。其理由是，顶背离一般出现在上升行情的最后一个上升浪中，处在高位的股价往往波动剧烈，离、靠之间的升降幅度较大，离时买入，靠时卖出，利于高抛低吸做差价，而且成功率很高。要注意的是，顶背离形态有时会出现四离四靠的走势，第四靠则要买入，而不能卖出。

底背离与顶背离的特征则相反：

一是底背离中的第三离出现时，股价应处在深跌后的低位；

二是底背离中的DIFF线应处在DEA线之下，且DIFF线和DEA线均应为负值；

三是底背离的操作法则是：第1离、第2离、第3离，均应卖出；第1靠买入，第2靠和第3靠卖出。其理由是，底背离多半处在下降行情的最后一个下跌浪中，第1离、第2离、第3离出现日离底部低点还有较大的下跌空间，只有卖出才可减少损失。第1靠买入的理由是，该靠处在波段调整的低位，后市有一定的反弹力度，做一波反弹行情，获利较为可靠。第2靠和第3靠出现后，反弹力度一般较小，做不出差价，不宜买入，而应继续卖出。

下面以汇源通信（000586）、中兵光电（600435）、中国人寿（601628）和吉林敖东（000623）等股票为例，以此来印证上述法则的可靠性。

图1–49是汇源通信（000586）2007年6月25日—2008年3月7日的日线走势图，从图中可以看出，该股在2007年10月下旬—2007年12月上旬的这段上升行情中，走出了一个顶背离的"三离三靠"组合（见图1–49上下箭头所示）。

该组合的第一离出现在2007年10月30日，DIFF线为0.89，DEA线为1.23，DIFF线与DEA线的离距为0.34。第一离出现后，股价就由第一离出现日的11.14元上升到2007年11月6日的14.44元，上涨了29.62%（见图1–50上标注）。

第二离出现在2007年11月13日，DIFF线为0.52，DEA线为0.79，DIFF线与DEA线的离距为0.27，当日的股价为12.04元。第二离出现后，股价就由第二离出现日的12.04元上升到2007年12

月11日的17.47元，上涨了45.99%（见图1-51上标注）。

第三离出现在2007年12月5日，DIFF线为0.55，DEA线为0.66，DIFF线与DEA线的离距为0.11，当日的股价为14.02元。第三离出现后，股价就由第三离出现日的14.02元上升到2007年12月1日的17.47元，上涨了24.60%（见图1-52上标注）。

我们再来看看"三靠"的走势。该股的第一靠出现在2007年11月6日，第一靠出现后，股价就由第一靠出现日的13.44元下跌到2007年11月12日的11.00元，下跌了18.27%（见图1-53中标注）。

第二靠出现在2007年11月20日，第二靠出现后，股价就由第二靠出现日的14.64元下跌到2007年11月22日的13.00元，下跌了11.20%（见图1-54中标注）。

第三靠出现在2007年12月7日，第三靠出现后，股价就由第三靠出现日的16.15元下跌到2007年12月19日的14.27元，下跌了11.64%（见图1-55中标注）。

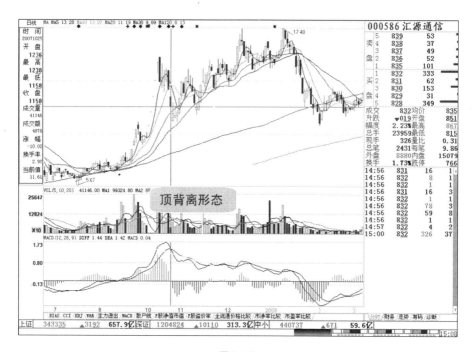

图1-49

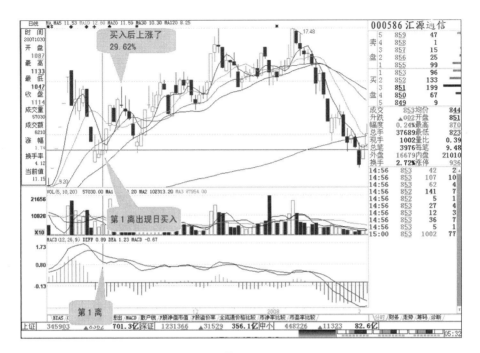

图1-50

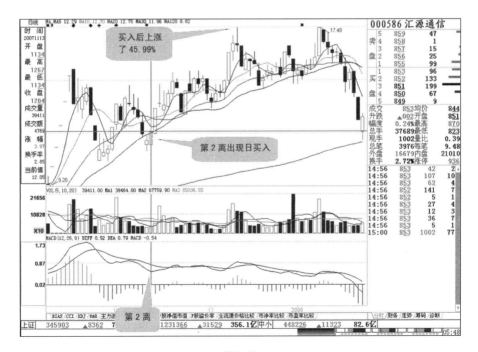

图1-51

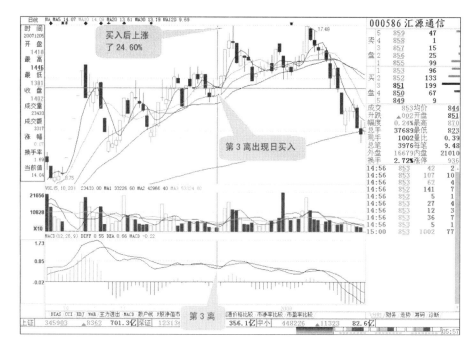

图1-52

图1-53

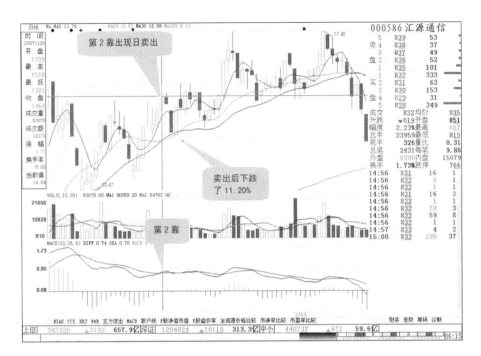

图1-54

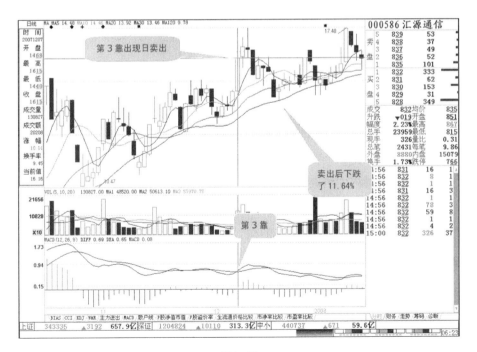

图1-55

　　图1-56是中兵光电（600435）2006年11月22日－2007年7月9日的日线走势图，从图中可以看出，该股在2007年3月下旬到2007年5月下旬的这段上升行情中，也走出了一个顶背离的"三离三靠"（实为四离四靠）组合（见图1-56上下箭头所示）。

　　该形态的第一离出现在2007年4月6日，DIFF线为0.66，DEA线为0.77，DIFF线与DEA线的离距为0.11。第一离出现后，股价就由第一离出现日的11.76元上升到2007年5月22日的14.85元，上涨了26.27%（见图1-57左上标注）。

　　第二离出现在2007年4月19日，DIFF线为0.43，DEA线为0.57，DIFF线与DEA线的离距为0.14。第二离出现后，股价就由第二离出现日的11.37元上升到2007年5月22日的14.85元，上涨了30.60%（见图1-58左上标注）。

　　第三离出现在2007年5月8日，DIFF线为0.33，DEA线为0.43，DIFF线与DEA线的离距为0.10。第三离出现后，股价就由第三离出现日的12.17元上升到2007年5月22日的14.85元，上涨了22.02%（见图1-59左上标注）。

　　第四离出现在2007年5月16日，DIFF线为0.33，DEA线为0.37，DIFF线与DEA线的离距为0.04。第四离出现后，股价就由第四离出现日的12.53元上升到2007年5月22日的14.85元，上涨了18.51%（见图1-60左上标注）。

　　第一靠出现在2007年4月12日，DIFF线为0.65，DEA线为0.70，DIFF线与DEA线的离距为0.05。第一靠出现后，股价就由第一靠出现日的12.39元下跌到2007年4月19日的11.30元，下跌了8.79%（见图1-61右标注）。

　　第二靠出现在2007年4月25日，DIFF线为0.45，DEA线为0.49，DIFF线与DEA线的离距为0.04。第二靠出现后，股价就由第二靠出现日的12.65元下跌到2007年4月30日的11.51元，下跌了9.01%（见图1-62右标注）。

　　第三靠出现在2007年5月14日，DIFF线为0.39，DEA线为0.39，DIFF线与DEA线的离距为0.00。第三靠出现后，股价就由第三靠出现日的13.20元，下跌到2007年5月16日的12.00元，下跌了9.09%（见图1-63右标注）。

第四靠出现在2007年5月18日，DIFF线为0.36，DEA线为0.36，DIFF线与DEA线的离距为0.00。第四靠出现后，股价就由第四靠出现日的13.15元上升到2007年5月22日的14.85元，上涨了12.92%（见图1-64左上标注）。

上述两支股票的走势表明，顶背离中的"三离三靠"均是可信的做空信号，应及时卖出股票，以免到手的盈利又被庄家收走了。

图1-65是中国人寿（601628）2008年1月8日—2008年4月18日的日线走势图。该股在2008年2月中旬—2008年4月上旬的这段下降行情中，走出了一个底背离的"三离三靠"（见图1-65上下箭头所示）。

该形态的第一离出现在2008年2月20日，DIFF线为-3.42，DEA线为-3.79，DIFF线与DEA线的离距为-0.37。第一离出现后，股价就由第一离出现日的40.89元下跌到2008年2月25日的

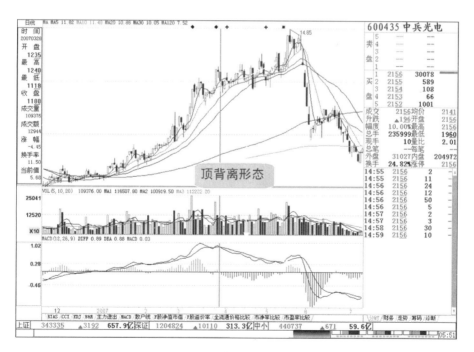

图1-56

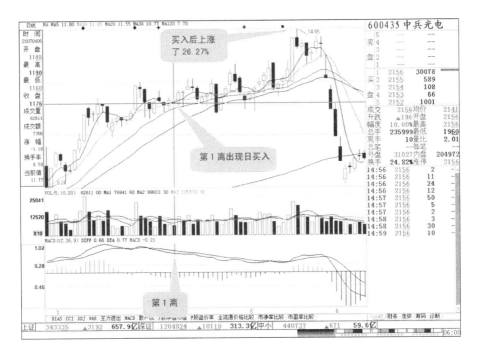

图1-57

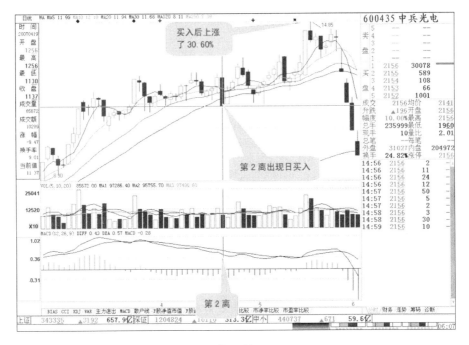

图1-58

图1-59

图1-60

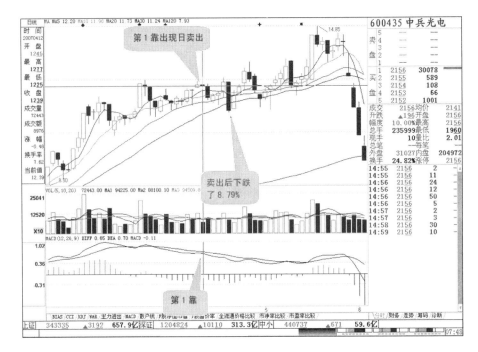

图1-61

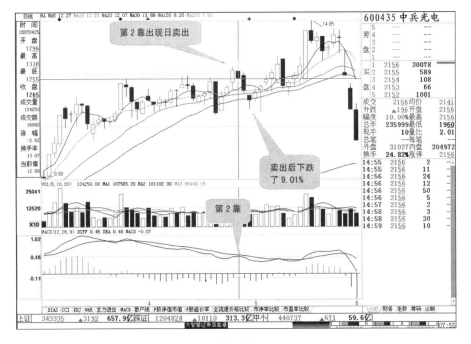

图1-62

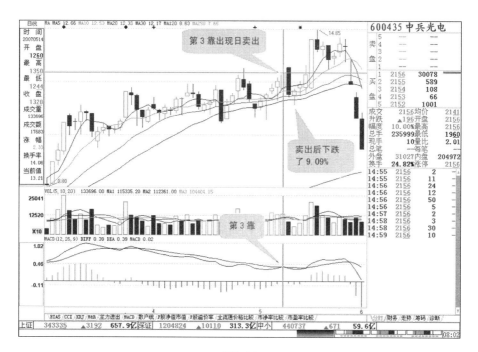

图1-63

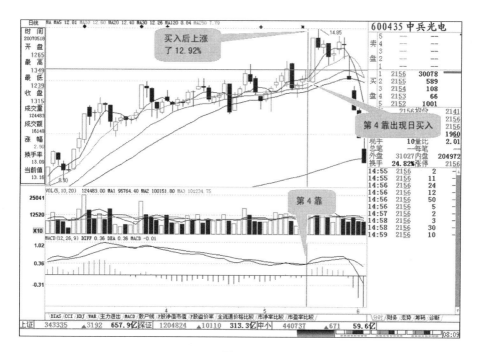

图1-64

图1-65

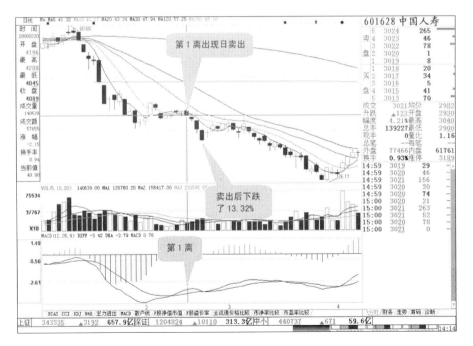

图1-66

35.44元，下跌了13.32%（见图1-66下右标注）。

第二离出现在2008年3月3日，DIFF线为-2.90，DEA线为-3.35，DIFF线与DEA线的离距为-0.45。第二离出现后，股价就由第二离出现日的39.10元，下跌到2008年3月27日的26.71元，下跌了31.68%（见图1-67下右标注）。

第三离出现在2008年3月6日，DIFF线为-2.55，DEA线为-3.03，DIFF线与DEA线的离距为-0.48。第三离出现后，股价就由第三离出现日的38.93元下跌到2008年3月27日的26.71元，下跌了31.38%（见图1-68下右标注）。

底背离的第一靠出现在2008年2月25日，DIFF线为-3.63，DEA线为-3.64，DIFF线与DEA线的离距为-0.01。第一靠出现后，股价就由第一靠出现日的35.44元，上升到2008年3月3日的39.10元，上涨了10.32%（见图1-69上标注）。

第二靠出现在2008年3月5日，DIFF线为-2.77，DEA线为-3.15，DIFF线与DEA线的离距为-0.38。第二靠出现后，股价就由第二靠出现日的37.10元下跌到2008年3月27日的26.71元，下跌了28.00%（见图1-70中标注）。

第三靠出现在2008年3月17日，DIFF线为-2.60，DEA线为-2.66，DIFF线与DEA线的离距为-0.06。第三靠出现后，股价就由第三靠出现日的33.84元下跌到2008年3月27日的26.71元，下跌了21.06%（见图1-71中标注）。

该股的上述走势有力地印证了底背离中的第一离、第二离为卖出信号，应做空，第三离后将出现见底信号，应做多。底背离中的第一靠是可信的做多信号，可放心买入，第二靠则是做空信号，应卖出股票。

图1-72是吉林敖东（000623）1998年4月21日-1998年8月26日的日线走势图。该股在1998年6月上旬-1998年7月下旬的这段下降行情中，走出了一个底背离的"三离三靠"组合（见图1-72上下箭头所示）。

该组合的第一离出现在1998年6月24日，DIFF线为-0.72，DEA线为-0.93，DIFF线与DEA线的离距为-0.21。第一离出

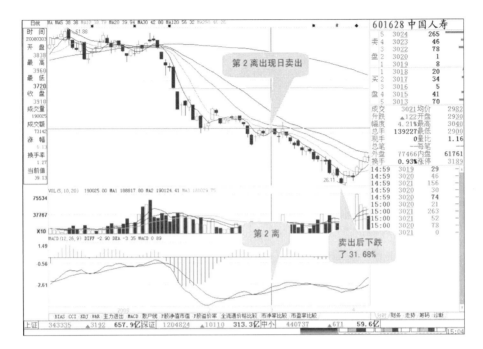

图1-67

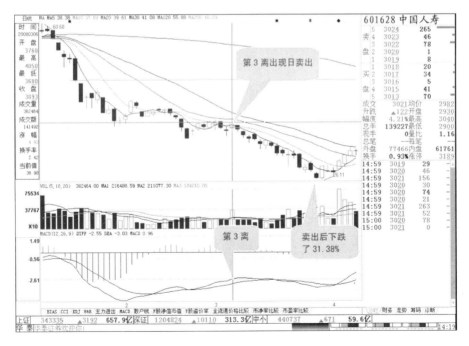

图1-68

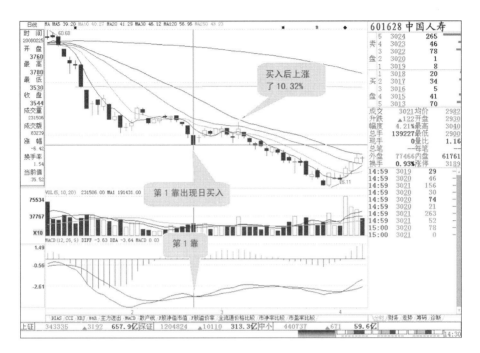

图1-69

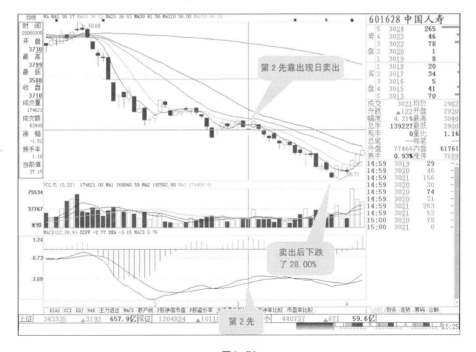

图1-70

图1-71

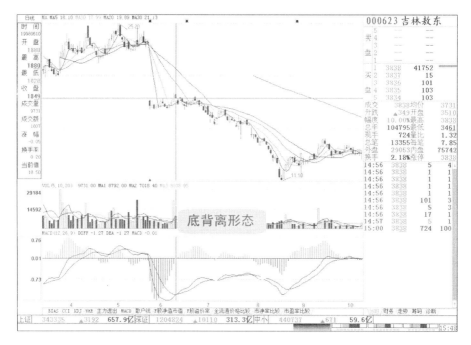

图1-72

现后，股价就由第一离出现日的18.28元下跌到1998年7月6日的16.18元，下跌了11.48%（见图1–73中标注）。

第二离和第三离分别出现在1998年7月10日和7月24日，其后，股价分别下跌了35.94%（见图1–74下右标注）和32.64%（见图1–75下右标注）。

该形态的第一靠出现在1998年7月6日，DIFF线为–0.80，DEA线为–0.77，DIFF线与DEA线的离距为–0.03。第一靠出现后，股价就由第一靠出现日的16.18元上升到1998年7月10日的17.33元，上涨了7.10%（见图1–76上右标注）。

第二靠和第三靠分别出现在1998年7月20日和7月29日，第二靠的DIFF线为–0.60，DEA线为–0.62，DIFF线与DEA线的离距为–0.02。第三靠的DIFF线为–0.56，DEA线也为–0.56，DIFF线与DEA线的离距为0.00。第二靠和第三靠出现后，股价分别下跌了30.66%和27.45%（见图1–77、图1–78中标注）。

以上股票的走势表明，依据背离形态的法则买卖股票成功率

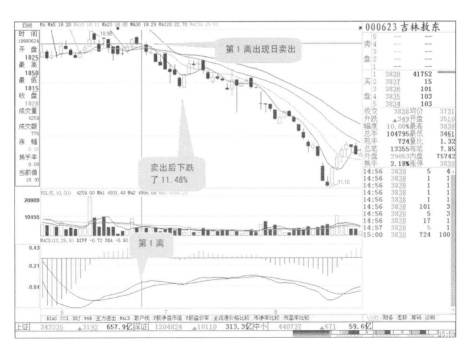

图1–73

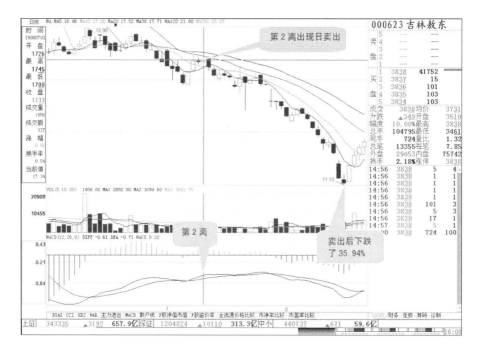

图1-74

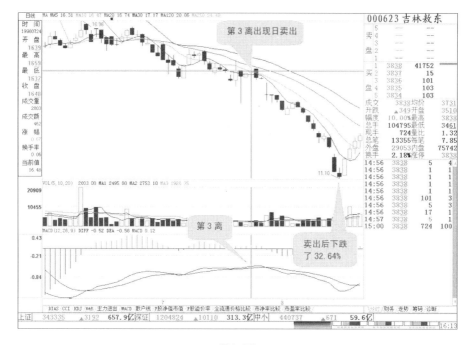

图1-75

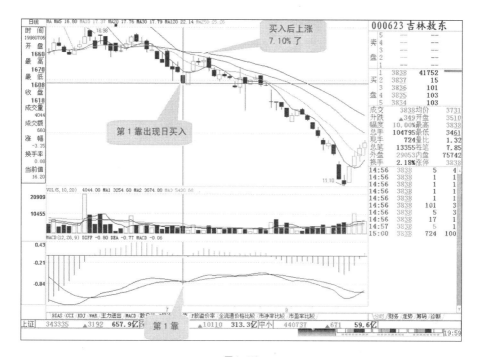

图1-76

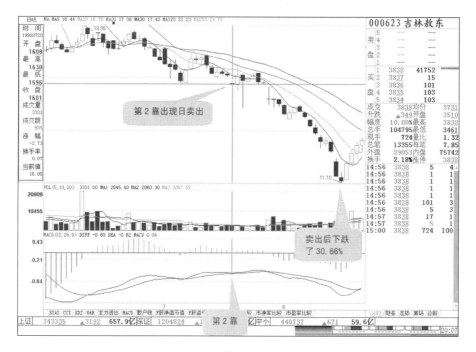

图1-77

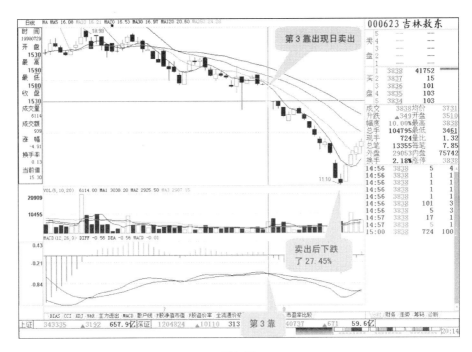

图1-78

相当高，获利也极为可观，应果断操作，不要错过这一难得的赚钱机会。但在操作时，应注意以下几点：

一是在"三离三靠"组合不十分明显的情况下，要结合K线图的走势确认离点和靠点的位置。如图1-49中的汇源通信（000586），在2007年10月下旬—12月上旬形成的顶背离走势中的第二靠就不是十分明显，确认时有一定的难度，但是只要参考当时的K线图的走势就容易了。因为在2007年10月下旬—12月上旬形成的顶背离走势中，该股的K线图上出现了明显的三个波浪，由此就可认定浪顶相对应的DIFF线为离，浪底相对应的DIFF线为靠，十分方便，而且也很准确。

二是在底背离行情中，有时在形成"三离三靠"之后，还会继续出现离和靠的走势，进而构成四离四靠或更多的离与靠。在操作时，我们只按"三离三靠"的法则买卖股票就行，其后的离与靠，则看得准的就操作，看不准的就观望，千万不要乱动。如图1-63中的中兵光电（600435），2007年5月14日的第三靠出现后，接着在5月16日和5月18日又分别出现了第四离和第四靠，有经验的投资者可在第四离或第四靠时买入（因离靠的距离相当近，故可按同一法则操作），能赚一笔差价。一般投资者在第三靠时卖出股票后就不宜继续操作了，不然就会挨套。

三是横向盘整行情中出现的"三离三靠"组合应根据DIFF线所处的不同位置进行操作。即DIFF线处在DEA线之下时，见离就买，见靠就卖；反之，DIFF线处在DEA线之上时，见离就卖，见靠就买。因盘整行情的后市走势存在两种可能性，即经过盘整后，有可能向上突破，形成升势；也有可能向下突破，形成跌势。一般来讲，行情走势未明朗之前，是不宜进场交易的，需要观望等待，待走势方向明确后才可介入。所以在横向盘整行情中出现的"三离三靠"，最好是既不买入，也不卖出。

第二章

DIFF线与DEA线
交叉组合的应用

DIFF线与DEA线的交叉组合，是指DIFF线上穿、下插DEA线的一种走势。上穿称为"金叉"，下插称为"死叉"。本章介绍了"DIFF线双底双金叉组合"、"低位金叉与靠拢组合"、"下降途中的金叉组合"、"下降行情中的死叉组合"、"白龙入水出水组合"、"股价处在半年线上的金叉组合"、"DIFF线平底金叉组合"和"后底低点高于前底低点组合"等8种上穿下插的组合形态，都是可信的买入或卖出信号，均可放心操作。

第一节　DIFF线双底双金叉组合

Section1

"DIFF线双底双金叉组合"，是指股价跌到低位后的盘底行情中，指数平滑异同移动平均线的DIFF线在负值区形成两个底部低点，并在两个底部低点附近先后两次由下向上穿过DEA线，形成金叉，这种走势形态称为"DIFF线双底双金叉组合"（见图2-1下标注）。该组合的走势特征及应用法则是：

1.该组合形成时，股价应处在低价区的盘底行情中。

2.DIFF线与DEA线均应为负值。

3."双底双金叉组合"的应用法则是，第一次金叉显示做空信号，应卖出股票；第二次金叉显示做多信号，应买入股票。

第一次金叉做空的理由是：此次金叉多处在底部反弹的顶部，反弹结束后，股价还会继续下跌，下跌的幅度一般不会少于第一次金叉出现前的升幅，有时还会跌破前起涨点价位，如不在此卖出，那么就会少赚一次反弹差价。

第二次金叉做多的原因则是：因为这次金叉多处在"最后一跌"的结束位置，最后一跌完成后，股价一般会出现一波强劲的反弹行情，在第二次金叉时买入，获利十分可靠，所以可放心做多。

下面以洪城水业（600461）、白云山（000522）和原水股份

（600649）等股票为例，以此来印证"DIFF线低位双金叉组合"先做空后做多的有效性。

图2-1是洪城水业（600461）2007年9月18日—2008年4月30日的日线走势图，图中显示，该股在2008年4月上旬—4月下旬的这段盘底行情中，走出了一组"DIFF线双底双金叉组合"（见图2-1下标注）。

该组合的第一次金叉出现在2008年4月10日，DIFF线为-0.55，DEA线为-0.57，DIFF线向上金叉了DEA线-0.02。第一次金叉出现后，该股就由2008年4月10日金叉出现日的10.59元下跌到2008年4月22日的7.61元，下跌了28.13%（见图2-2中标注）。

第二次金叉出现在2008年4月25日，当日的DIFF线为-0.64，DEA线为-0.65，DIFF线向上金叉了DEA线-0.01。第二次金叉出现后，该股就由2008年4月25日金叉出现日的9.15元上升到2008年5月7日的10.98元，上涨了12.34%（见图2-3上右标注）。

以上事实表明，"DIFF线双底双金叉组合"中第一次金叉的做空信号及第二次金叉的做多信号是十分可信的，应果断介入，而不要失去这一难得的赚钱机会。

图2-4是白云山（000522）2007年9月18日—2008年4月30日的日线走势图，图中显示，该股在2008年4月7日—4月25日的这段盘底行情中，也走出了一组可信的"DIFF线双底双金叉组合"（见图2-4下标注）。

该组合的第一次金叉出现在2008年4月10日，DIFF线为-0.76，DEA线为-0.81，DIFF线向上金叉了DEA线-0.05。第一次金叉出现后，该股就由金叉出现日的10.89元下跌到2008年4月22日的7.90元，下跌了27.45%（见图2-5中标注）。

第二次金叉出现在2008年4月24日，DIFF线为-0.78，DEA线为-0.79，DIFF线向上金叉了DEA线-0.01。第二次金叉出现后，该股就由金叉出现日的10.07元上升到2008年5月14日的13.70元，上涨了36.04%（见图2-6上标注）。

图2-7是原水股份（600649），曾用名城投控股，2007年9月

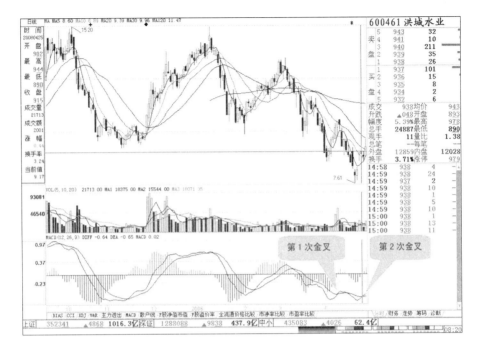

图2-1

图2-2

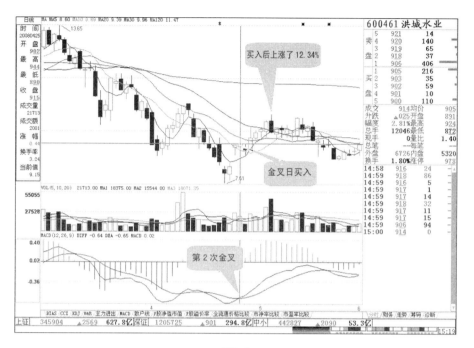

图2-3

图2-4

图2-5

图2-6

19日—2008年4月30日的日线走势图，图中显示，该股在2008年4月7日—4月25日的这段下降行情中，也走出了"DIFF线双底双金叉组合"（见图2-7下标注）。

该组合的第一次金叉出现在2008年4月10日，DIFF线为-1.04，DEA线为-1.05，DIFF线向上金叉了DEA线-0.01。第一次金叉出现后，该股就由2008年4月10日第一次金叉出现日的11.70元下跌到2008年4月22日的8.50元，下跌了27.35%（见图2-8下右标注）。

第二次金叉出现在2008年4月29日，DIFF线为-1.15，DEA线为-1.16，DIFF线向上金叉了DEA线-0.01。这次金叉出现后，股价就由金叉出现日的10.66元上升到2008年5月9日的15.32元，上涨了43.71%（见图2-9上标注）。

以上三例的走势表明，"DIFF线双底双金叉组合"是相当可信的"先卖后买"信号，可放心介入，但在具体操作时，应注意以下几点：

图2-7

图2-8

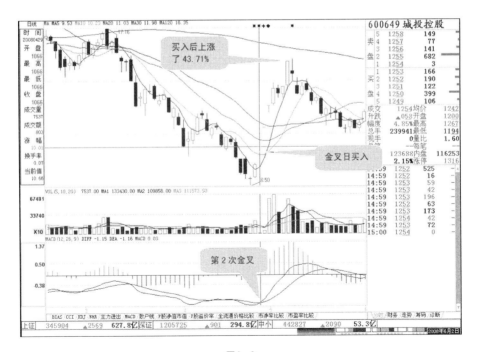

图2-9

　　一是"DIFF线双底双金叉组合"显示的做空或做多信号往往比股价的涨跌滞后1~2天，操作时最好提前介入，这样一来，就能有效地增加收益或降低进货成本。如原水股份（600649）第1次金叉出现在2008年4月10日，当日的股价为11.70元，而该股的近期高点为4月8日的12.64元，金叉日比高点滞后两天，股价下跌了0.94元，如果能提前两天卖出，那么就可增加收益7.43%（见图2-10右上标注）。该股第2次金叉时，同样比股价滞后两天。该股的前低点出现在2008年4月22日，低点价位为8.50元。第2次金叉出现日为4月29日，当日的股价为10.66元，比前低点高出2.16元，如果能提前一天介入，在2008年4月23日的9.69元价位附近做多，那么就可降低一个涨停板的建仓成本（见图2-11）。

　　洪城水业（600461）、白云山（000522）两支股票的第二次金叉均存在滞后的情况，如果能提前介入，则均能降低5%以上的进货成本，抵得上一次短线交易的收益。

　　二是"DIFF线双底双金叉组合"中的双底低点应大体处在

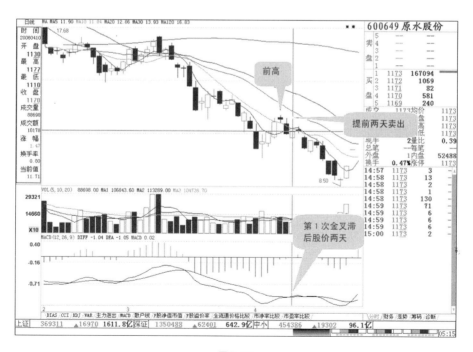

图2-10

同一水平线上，后底略高于前底为最佳，凡是符合这一条件的"DIFF线双底双金叉组合"，后市一般都会有较好的表现，能给投资者带来丰厚的回报，可放心操作。如洪城水业（600461）"DIFF线双底双金叉组合"中的两个底部低点分别为−0.73和−0.76，仅相差−0.03，就明显地处在同一水平线上。其后，该股下跌和上涨的幅度分别达到了28.13%和12.34%（见图2-1、图2-2、图2-3）。又如，白云山（000522）"DIFF线双底双金叉组合"中的两个底部低点分别为−0.96和−0.89，后底低点高于前底低点−0.07，是非常可信的抄底信号。其后，该股下跌和上涨的幅度分别达到了27.45%和36.04%（见图2-4、图2-5、图2-6）。以上情况表明，双底低点大体处在同一水平线上的"DIFF线双底双金叉组合"，是值得信赖的"先做空后做多"的见底信号，可放心操作，获利十分可靠。

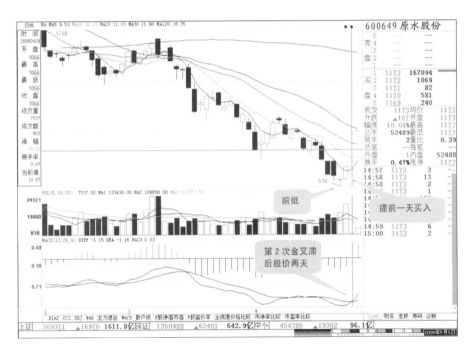

图2-11

第二节　低位金叉与靠拢组合

Section 2

　　"低位金叉与靠拢组合"，是指股价跌到低位后，DIFF线在负值区由下向上"金叉"了DEA线后不久，又回头靠拢DEA线的一种走势。该组合应具备的特征和应用法则是：

　　1.该组合形成时，股价应有一段较深的跌幅，下跌的幅度越大，有效性就越高。

　　2.DIFF线金叉与靠拢DEA线时，均应为负值。

　　3."金叉"后的"靠拢"应前后相接，中间不能出现另外的金叉或靠拢走势。

　　4."低位金叉与靠拢组合"的应用法则是靠拢日做多。

　　该组合做多的原理是：前面的"金叉"（见图2-12下左标注），显示多方力量的增强，导致股价反弹。但在长期熊市形成的"有利就跑"的思维模式影响下，反弹不久就出现短线回吐走势，DIFF线也跟着转势下行，当股价跌近反弹的起涨点价位时，DIFF线也下行到接近DEA线了，此时，短线获利的筹码已得到充分消化，多头再次进场，股价不再下跌，上涨行情重新启动，DIFF线也不再下行，并抬头向上，与DEA线形成"靠拢"形态（见图2-12下右标注），这表明调整基本结束，后市会出现一波力度较大的上涨行情，此时做多能稳妥获利。

　　下面以新和成（002001）2004年6月25日上市以来的5次"低位金叉与靠拢组合"的走势，来印证该组合在靠拢时做多的有效性。

　　该股5次"低位金叉与靠拢组合"的具体情况是：

　　第一次"低位金叉与靠拢组合"出现在2004年7月下旬。7月19日"金叉"，金叉日的DIFF线为-1.29，DEA线为-1.30，DIFF线向上金叉了DEA线-0.01（见图2-12）。"靠拢"走势出现在7月27日，靠拢日的DIFF线为-1.06，DEA线为-1.13，DIFF线与DEA线的最近距离为-0.07（见图2-13下右标注）。"靠拢"出现后，股价就由靠拢日的16.30元，上升到2004年8月3日的18.12元，上涨了11.16%（见图2-13上标注）。

第二次"低位金叉与靠拢组合"出现在2005年6月中旬。6月9日"金叉"，金叉日的DIFF线为-0.31，DEA线为-0.32，DIFF线向上金叉了DEA线-0.01（见图2-14）。"靠拢"走势出现在2005年6月14日，当日的DIFF线为-0.27，DEA线为-0.30，DIFF线与DEA线的最近距离为-0.03（见图2-14）。"靠拢"出现后，股价就由靠拢日的10.22元，上升到2005年7月29日的12.92元，上涨了26.41%（见图2-14右上标注）。

第三次"低位金叉与靠拢组合"出现在2005年9月下旬。2005年9月13日"金叉"，金叉日的DIFF线为-0.31，DEA线为-0.32，DIFF线向上金叉了DEA线-0.01（见图2-14）。"靠拢"走势出现在2005年9月29日，当日的DIFF线为-0.14，DEA线为-0.15，DIFF线与DEA线的最近距离为-0.01（见图2-15）。"靠拢"出现后，股价就由靠拢日的10.29元上升到2005年10月18日的13.12元，上涨了27.50%（见图2-15右上标注）。

第4次和第5次"低位金叉与靠拢组合"分别出现在2006年3月下旬和12月中旬。第4次和第5次组合中的"靠拢"出现后，股价分别上涨了26.18%（见图2-16上标注）和13.17%（见图2-17上标注）。

操作"低位金叉与靠拢组合"应注意选准"靠点"。靠点是指DIFF线走到DEA线最近的地方（包括与DEA线相交点），虽然用眼睛就可观察到是否靠拢，但却会有一定的误差，故而最好还是用可靠的依据进行确认。DIFF线走到DEA线最近的地方可用MACD柱线进行确认，当红色柱线缩短到最短时的当天，就可确认DIFF线"靠拢"了DEA线，红色短柱线出现日就是最佳的做多点位。如图2-18中的潞安环（601699），该股在2008年4月下旬走出了"低位金叉与靠拢组合"。4月3日"金叉"，4月22日"靠拢"，靠拢日的MACD柱线长0.20，前一日（4月21日）和后一日（4月23日）的柱线分别为0.58和0.29，前后柱线分别高出4月22日的0.38和0.09，表明4月22日的柱线最短，可作为DIFF线靠

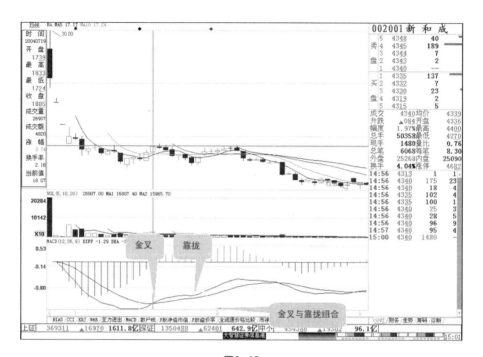

图2—12

图2—13

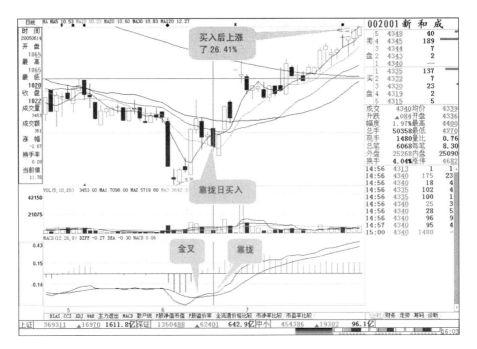

图2-14

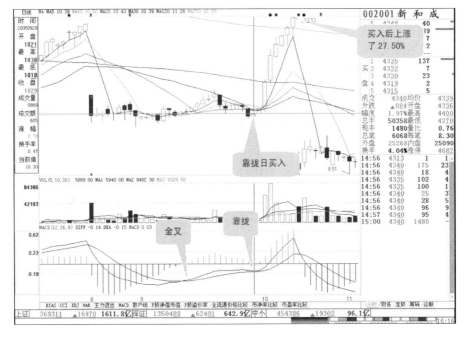

图2-15

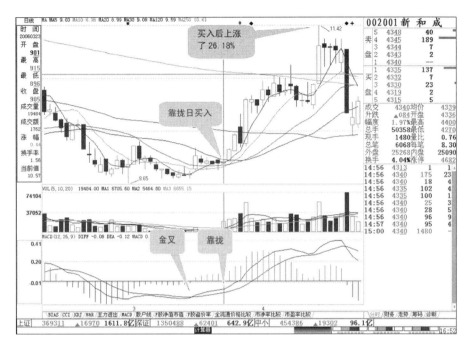

图2-16

图2-17

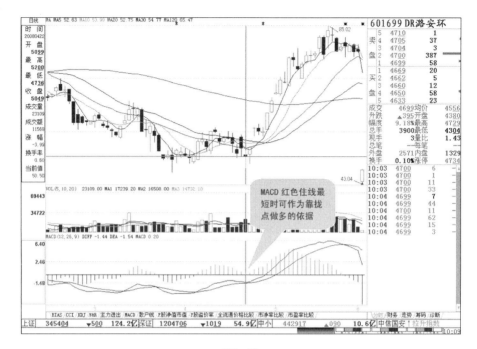

图2-18

图2-19

拢DEA线的靠点，在靠点日做多就能轻松获利。该股的后市走势印证了这一结论，自"靠拢"走势出现后，该股就大涨了一个多月，股价由靠拢日的50.40元上升到2008年5月22日的83.77元，上涨了66.21%（见图2-19上标注）。

第三节　下降途中金叉组合的操作

Section 3

"下降途中的金叉"，是指在一段下降行情中，DIFF线出现的任一次由下向上穿过DEA线的一种走势。该组合的图线特征和应用法则是：

1.DIFF线由下向上"金叉"DEA线时，两线一般均应为负值，在个别情况下，才可为正值。

2.在一个下跌浪中，DIFF线一般会出现三次上穿DEA线的走势，即三次"金叉"。

3."下降途中金叉组合"的应用法则是金叉日做空。

做空的原理是："下降途中的金叉组合"是多头短线反击结束的信号，股价多处在反弹波浪的顶部，反弹结束后，还会继续下跌，且下跌的空间较大，所以见到"下降途中的金叉组合"时，就应毫不犹豫地卖出股票，以减少损失。

下面以华纺股份（600273）上市5年来的走势来印证该组合做空的有效性。

该股是2003年6月27日上市的一支纺织类股票，上市5年来，共出现了4段下降行情，累计15次"金叉"，每次金叉过后，股价就如判断的那样下跌一段，据此操作的投资者均有效地规避了继续下跌的损失。

华纺股份（600273）15次"金叉"走势的具体情况见表2-1和图2-20～图2-33。

从表2-1的数字中可以看出，华纺股份（600273）上市以来的15次金叉形成后，每次都出现了下跌走势，最大的跌幅达50.00%，最小的跌幅也有10.77%，平均跌幅达29.53%。由此可知，下降行情中的"金叉"组合是相当可信的做空信号，应果断卖出，不然就会越套越深，从而难以自拔。

操作"下降途中的金叉组合"，应注意以下两点：

一是要结合股价的涨跌选择出货点位。若是DIFF线与DEA线的金叉出现在横盘行情或反弹行情的尾声时，就可放心做多，如果金叉出现在股价急跌之后，则应等待数日才可考虑做空，有经验的投资者还可趁急跌之机买入股票，做一把反弹行情，然后再卖出。如图2-32中的华纺股份（600273）在2005年2月18日形成的金叉就属这种情况，金叉之前，该股急跌了一周，股价由2005年1月24日的3.78元下跌到2005年4月11日的3.32元，跌幅达13.85%，典型的急跌形态（见图2-39上左标注）。急跌后就出现了DIFF线上穿DEA线的金叉走势（见图2-39下标注），金叉后，该股继续上涨了10个交易日，升幅达11.30%，如能做一把短多，那就太理想了。但对一般投资者来说，则不宜抢反弹，而应坚决卖出股票，哪怕是卖出后股价逆势上涨了十点八点，也不应后悔，因为下降途中出现的金叉是铁定的继续下跌信号，所以应坚决减仓。

二是要注意观察下跌行情即将转势的走势。熊市行情不会一熊到底，股价跌到一定深度后就会止跌反弹，或反转，继而出现一波牛市行情，在反转初期出现的DIFF金叉DEA的走势是做多的难得机会，此时就不能按下降行情中的金叉做空，而应反手做多。请观察达安基因（002030）的走势。图2-40是该股2008年4月25日的日线收市图，从图中可以看出，该股在2008年1月3日到4月22日的这段下降行情中，DIFF线先后5次金叉了DEA线。第1次至第4次金叉处在下降途中，应进行卖出操作（见图2-40下左1-左4标注）。第5次金叉处在熊牛转势期间，应买进股票（见图2-40下左5标注）。该股的后市走势印证了以上的分析，第1-4次金叉出现后，分别下跌了33.86%、32.65%、28.26%和18.78%。但第5次金叉出现后，股价就由金叉日的15.56元上升到2008年5月7日的17.88元，上涨了14.91%（见图2-41右上标注）。该股还有上涨

表2-1 华纺股份（600273）15次"金叉"数据表

次第	日期	金叉情况				后市走势			跌幅	图示
		DIFF	DEA	上穿	股价	日期	股价			
		第一段下跌行情（2003年7月中旬—2003年11月中旬）出现3次金叉								
1	2003.8.13	−0.11	−0.12	−0.01	6.43	2003.11.7	4.87		−24.26%	图2-21
2	2003.9.3	−0.10	−0.12	−0.02	6.31	2003.11.7	4.87		−22.82%	图2-22
3	2003.9.24	−014	−0.15	−0.01	5.85	2003.11.7	4.87		−16.75%	图2-23
		第二段下跌行情（2004年4月中旬—2004年7月下旬）出现3次金叉								
4	2004.5.24	−0.09	−0.10	−0.01	5.41	2004.7.14	4.39		−18.85%	图2-25
5	2004.6.1	−0.09	−0.10	−0.01	5.45	2004.7.14	4.39		−19.44%	图2-26
6	2004.7.5	−0.14	−0.15	−0.01	4.92	2004.7.14	4.39		−10.77%	图2-27
		第三段下跌行情（2004年10月中旬—2005年7月中旬）出现7次金叉								
7	2004.11.8	−0.20	−0.21	−0.01	4.20	2005.7.18	2.10		−50.00%	图2-29
8	2005.1.12	−0.09	−0.10	−0.01	3.83	2005.7.18	2.10		−45.16%	图2-30
9	2005.1.24	−0.09	−0.10	−0.01	3.78	2005.7.18	2.10		−44.44%	图2-31
10	2005.2.18	−0.11	−0.12	−0.01	3.45	2005.7.18	2.10		−39.13%	图2-32
11	2005.4.7	−0.10	−0.12	−0.02	3.20	2005.7.18	2.10		−34.37%	图2-33
12	2005.5.19	−0.11	−0.12	−0.01	2.82	2005.7.18	2.10		−25.53%	图2-34
13	2005.6.2	−0.11	−0.12	−0.01	2.64	2005.7.18	2.10		−20.45%	图2-35
		第四段下跌行情（2007年7月下旬—2007年10月上旬）出现2次金叉								
14	2007.9.3	0.08	0.05	0.03	11.15	2007.10.26	6.85		−38.56%	图2-37
15	2007.9.20	−0.07	−0.08	−0.01	10.14	2007.10.26	6.85		−32.44%	图2-38

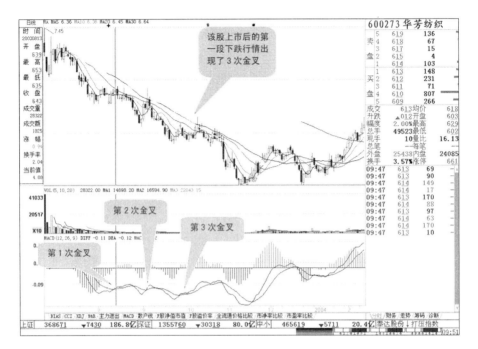

图2-20

图2-21

图2-22

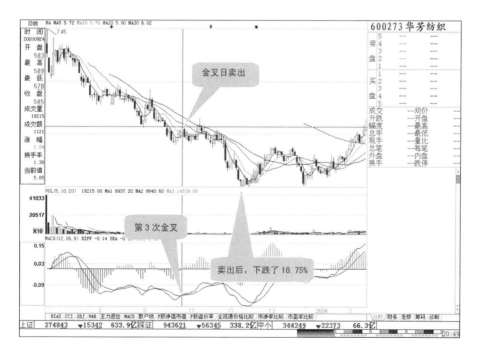

图2-23

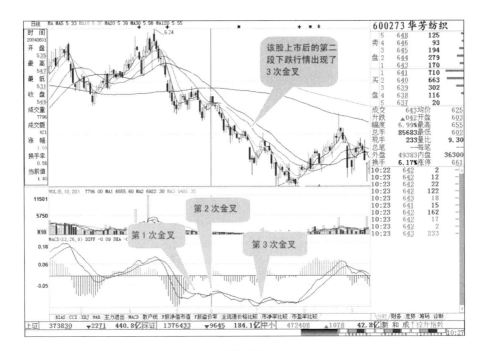

图2-24

图2-25

图2-26

图2-27

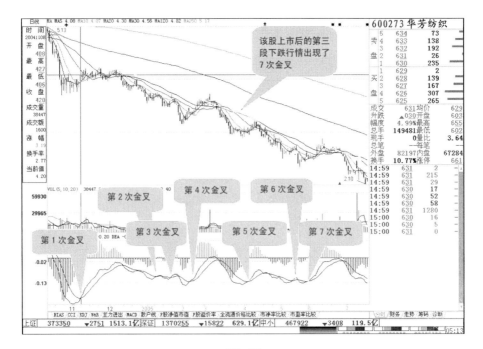

图2-28

图2-29

图2-30

图2-31

图2-32

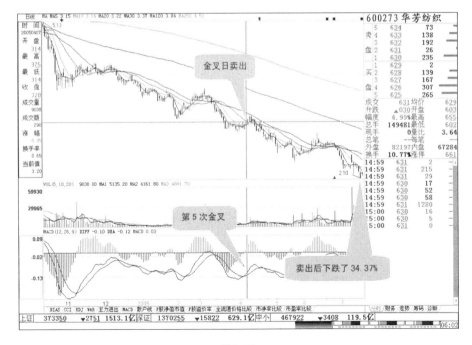

图2-33

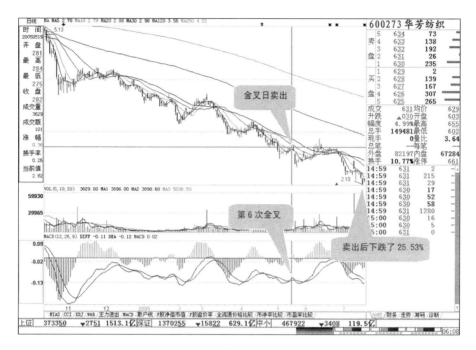

图2-34

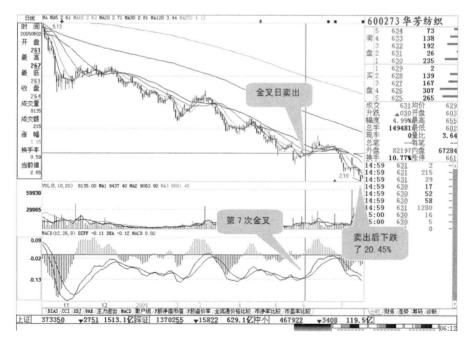

图2-35

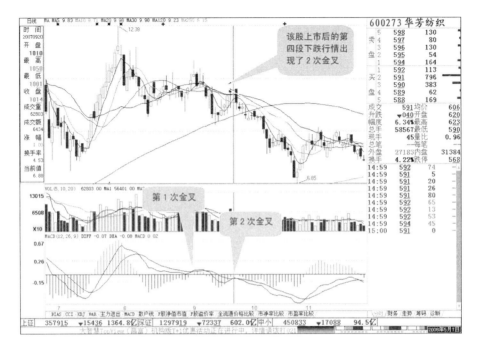

图2-36

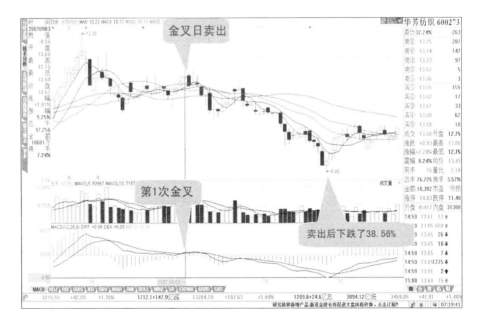

图2-37

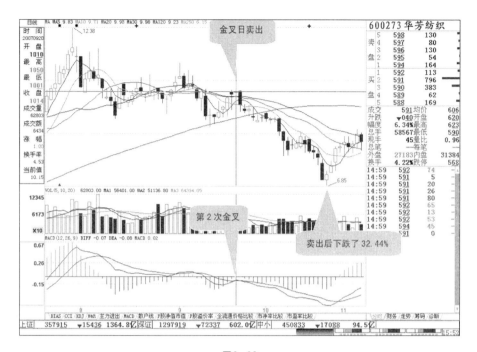

图2-38

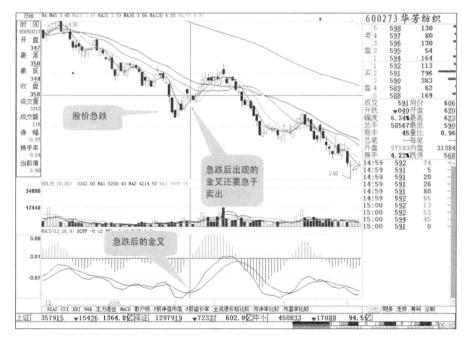

图2-39

图2-40

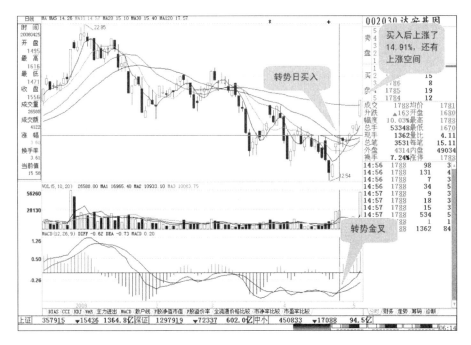

图2-41

空间。

那么要怎样判断"转势金叉"呢？通常的办法是：

1.依据股价下跌的幅度进行判断。在一轮下跌行情中，如果股价下跌了35%以上，则此时出现的金叉就可认定为"转势金叉"。因为当股价下跌35%以上时，获利筹码就基本卖光，套牢盘也不会在低位出逃，股价就不会继续下跌。此时的金叉，显示做多的力量已超过做空的力量，后市就会出现一波较大的反行情，此时做多就能稳妥获利。

2.依据金叉日股价所处的位置进行判断。在具备前一条件的前提下，金叉日的股价如果超过了近期的高点，就可判断为转势金叉，可放心买入。

第四节　下降行情中的死叉组合

Section 4

"下降行情中的死叉组合"，是指在一段下降行情中，DIFF线与DEA线均为负值，且DIFF线由上向下跌穿了DEA线的一种走势。该组合应具备的特征是：

1.该组合应处在下降行情的下跌途中。

2.组合中的DIFF线和DEA线均应为负值，处在正值区的死叉不属其列。

3.DIFF线应由上向下跌破DEA线，跌破之前，两线之间应有一定的间距。

该组合的应用法则是做空，应卖出股票。

做空的原理是：股价在下降过程中，DIFF线和DEA线会随股价的波动而波动，股价下跌时，DIFF线和DEA线也跟着下跌，因DIFF线是快线，DEA线为慢线，所以在下跌时，DIFF线一般会跑在DEA线的前面，形成死叉，此时，投资者均不看好后市，股价会继续下跌，以致暴跌。所以下降途中的"死叉"是做空的敏感信号，应果断卖出股票。

　　下面以拓邦电子（002139）、中油化建（600546）和神火股份（000933）等三支股票的走势为例，以此来剖析"下降途中死叉组合"应做空的有效性。

　　图2-42是拓邦电子（002139）2007年6月29日上市以来的日线走势图，从图中可看出，该股在上市以来10多个月的时间里一路下跌，在这段下降行情中，先后出现了3次"死叉"（见图2-42下各标注）。

　　第1次死叉出现在2007年9月12日，当日的DIFF线为-0.70，DEA线为-0.68，DIFF线死叉了DEA线-0.02，此次"死叉"出现后，股价就由"死叉"日的35.28元下跌到2007年10月29日的23.01元，下跌了34.77%（见图2-43下右标注）。

　　第2次死叉出现在2007年10月22日，当日的DIFF线为-1.64，DEA线为-1.47，DIFF线死叉了DEA线-0.17，此次"死叉"形成后，股价就由"死叉"日的27.00元下跌到2007年10月29日的

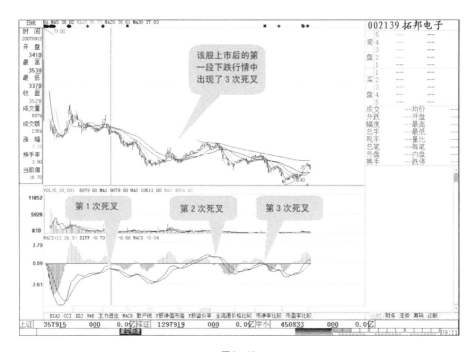

图2-42

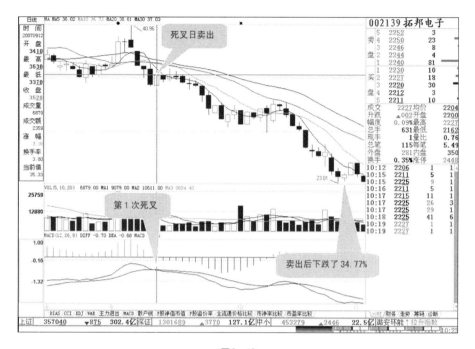

图2-43

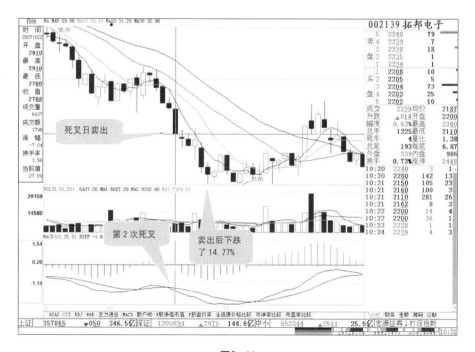

图2-44

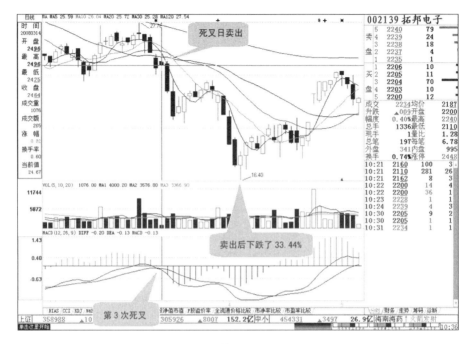

图2-45

23.01元，下跌了14.77%（见图2－44下右标注）。

第3次死叉出现在2008年3月14日，当日的DIFF线为－0.20，DEA线为－0.13，DIFF线死叉了DEA线－0.07，此次"死叉"形成后，股价就由"死叉"日的24.64元下跌到2008年4月13日的16.40元，下跌了33.44%（见图2－45下右标注）。

图2-46是中油化建（600546）2004年2月24日—2004年9月29日的日线走势图，从图中可以看出，该股在这段下降行情中，先后出现了3次"死叉"组合（见图2－46下标注）。

第1次死叉出现在2004年6月11日，当日的DIFF线为－0.18，DEA线为－0.17，DIFF线死叉了DEA线－0.01，这次死叉出现后，股价就由死叉出现日的9.87元下跌到2004年8月23日的7.50元，下跌了24.01%（见图2－47下右标注）。

第2次死叉出现在2004年6月29日，当日的DIFF线为－0.20，DEA线为－0.19，DIFF线死叉了DEA线－0.01，此后，该股就由死叉出现日的9.48元下跌到2004年8月23日的7.50元，下跌了

20.86%（见图2-48下右标注）。

第3次死叉出现在2004年8月13日，当日的DIFF线为-0.30，DEA线为-0.29，DIFF线死叉了DEA线-0.01，此后，该股就由死叉日的7.93元下跌到2004年8月23日的7.50元，下跌了5.42%（见图2-49下右标注）。

图2-50是神火股份（000933）2002年8月7日—2002年12月23日的日线走势图，图中显示，该股在这段下降行情中同样走出了3次"死叉"形态（见图2-50下标注）。每次死叉同样给做空的投资者带来了福音。该股3次"死叉"的具体走势是：

第1次死叉出现在2002年9月6日，当日的DIFF线为-0.04，DEA线为-0.03，DIFF线死叉了DEA线-0.01，此后，该股就由死叉出现日的13.10元下跌到2002年10月18日的11.60元，下跌了11.45%（见图2-51下右标注）。

第2次死叉出现在2002年9月23日，当日的DIFF线为-0.08，DEA线为-0.07，DIFF线死叉了DEA线-0.01，此后，该股就由

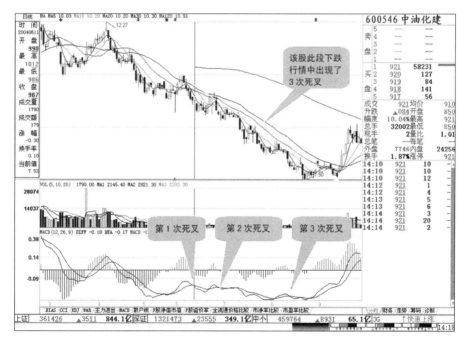

图2-46

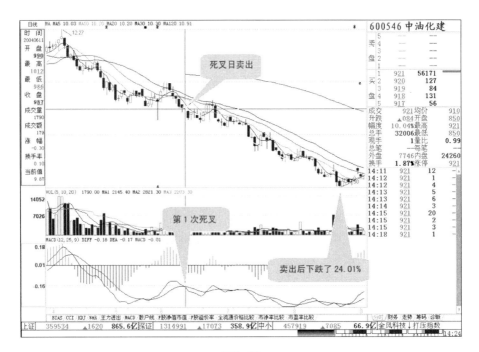

图2-47

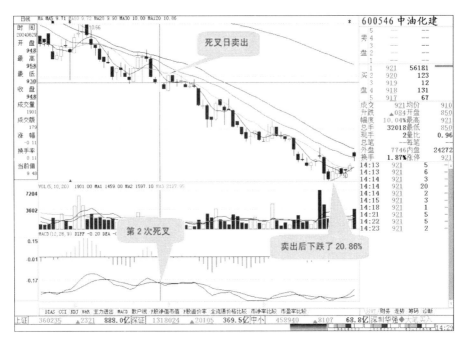

图2-48

图2-49

图2-50

死叉出现日的13.01元下跌到2002年10月18日的11.60元，下跌了10.83%（见图2-52中标注）。

第3次死叉出现在2002年11月14日，当日的DIFF线为-0.16，DEA线为-0.15，DIFF线死叉了DEA线-0.01，此后，该股就由死叉出现日的11.71元下跌到2002年12月13日的10.53元，下跌了10.56%（见图2-53下右标注）。

以上事实表明，下降行情中的死叉走势，是可信的做空信号，应果断卖出股票。操作该形态应注意的事项是：

一是在横向盘整期间出现的死叉组合，只宜做短线，卖出股票后，应适时买回，不然就会踏空。因为在横向盘整期间，股价多为箱型运动，上下波动的幅度不大，DIFF线死叉DEA线后，下跌的空间多在10%以内，卖出股票后，如果出现跌不下去的走势时，那么就应及时将卖出的筹码赎回，以免踏空。如图2-54中的新大洲（000571）在2008年2月25日走出的一次"死叉"组合就是如此。此次死叉出现后，不但没有按投资者的意愿下跌，反而由

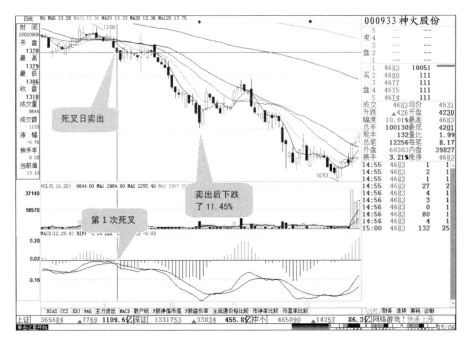

图2-51

图2-52

图2-53

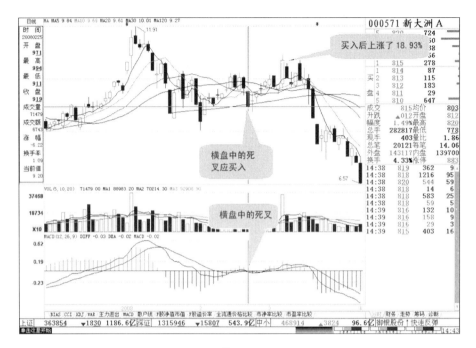

图2-54

死叉日的9.19元上升到2008年3月6日的10.93元，上涨了18.93%（见图2-54右上标注）。由此可见，盘整行情中出现的死叉与下降行情中出现的死叉是有差别的，后者为卖出信号，前者则为买入信号，这一应用法则要严格遵守，否则，一旦弄错了方向，那就要吃大亏了。

第五节　白龙入水出水组合

Section 5

　　"白龙入水出水组合"，是指DIFF线在零轴线上下波动的一种走势。因DIFF线是一条细长的白色曲线，如同一条舞动的白龙，故而当DIFF线自上而下跌破了零轴线时，就称为"白龙入水"。反之，当DIFF线由下向上突破了零轴线时，则称为"白龙出水"。该组合应具备的特征是：

1.白龙入水时，DIFF线应由正值变为负值。

2.白龙出水时，DIFF线应由负值变为正值。

3."白龙入水出水组合"的应用法则是：白龙入水时，应做空——卖出股票；白龙出水时，应做多——买进股票。

卖出的原理是：DIFF线由正值变为负值，即白龙入水后，表明投资者不看好后市，并争先卖出股票，从而使股价进一步下跌。反映股价运动趋势的DIFF线向下跌穿了零轴线，就表明下跌的趋势已形成，后市会出现一波较大的下跌行情，所以应在白龙入水时卖出股票。

白龙出水的买入原理是：股价经过深跌后，必然会出现反弹走势，反弹的强度较大时，DIFF线就会由下向上突破零轴线，形成白龙出水形态，白龙出水后，对做多的投资者是一个有力的鼓舞，在先知先觉的多头带领下，持币观望的投资者也会积极介入，促使股价大幅向上涨升，在白龙出水日做多就能稳赚一把。

下面以大同煤业（601001）和中信证券（600030）两支股票上市以来的走势为例，以此来印证"白龙入水"应做空和"白龙出水"应做多的有效性。

我们先来分析大同煤业（601001）的走势。该股2006年6月10日上市，上市两年来，先后出现了3次"白龙入水"和两次"白龙出水"走势。

第1次"白龙入水"出现在2006年7月19日，当日的DIFF线为-0.01，股价为9.59元，白龙入水后，该股就向下慢跌了两个多月，股价由入水日的9.59元下跌到2006年9月26日的7.76元，下跌了19.08%（见图2-55下右标注）。

第2次"白龙入水"出现在2007年10月22日，当日的DIFF线为-0.28，股价为34.48元，入水后，下跌了三个多星期，股价由入水日的34.48元下跌到2007年11月13日的24.66元，下跌了28.48%（见图2-56下右标注）。

第3次"白龙入水"出现在2008年5月21日，当日的DIFF线为-0.05，股价为32.49元，白龙入水后，该股下跌了十多天，股价由入水日的32.49元下跌到2008年6月5日的25.48元，下跌了21.57%（见图2-57下右标注）。

以上走势表明，"白龙入水"形态是可信的做空信号，应果断卖出股票。

我们再来看看该股两次"白龙出水"的走势。

第1次"白龙出水"组合出现在2006年11月7日，当日的DIFF线为0.01，股价为8.47元，白龙出水后，该股大涨了10个多月，股价由出水日的8.47元上升到2007年9月21日的44.41元，上涨了424.32%（见图2-58和图2-59）。

第2次"白龙出水"组合出现在2007年12月26日，当日的DIFF线为0.05，股价为30.44元，白龙出水后，该股上涨了半个多月，股价由出水日的30.44元上升到2008年1月14日的41.00元，上涨了34.69%（见图2-60）。由此可以看出，"白龙出水"组合是相当有效的做多信号，据此操作能获厚利。

下面我们用中信证券（600030）的走势进行印证。

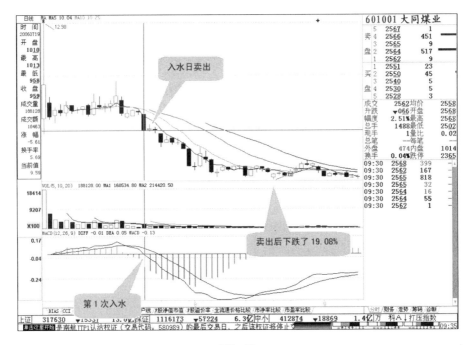

图2-55

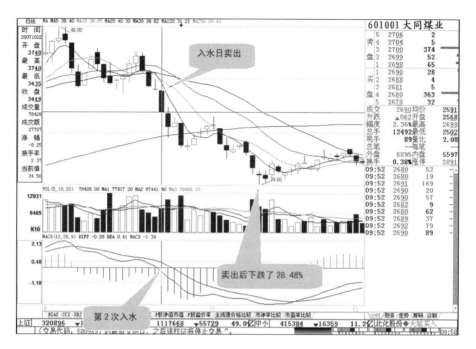

图2-56

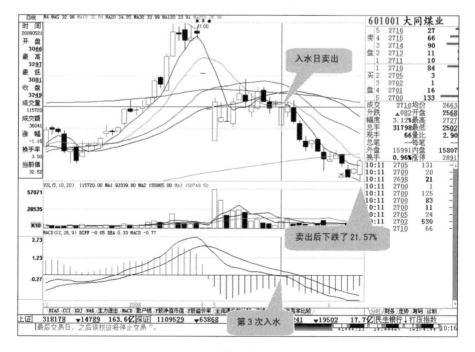

图2-57

图2-58

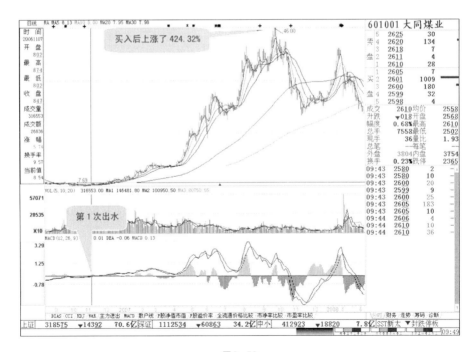

图2-59

该股是2003年1月6日上市的一支金融类股票，上市5年来，该股先后出现了13次"白龙入水"和12次"白龙出水"组合。

第1次"白龙入水"出现在2003年3月20日，当日的DIFF线为−0.01，股价为6.60元，白龙入水后，股价就由入水日的6.60元下跌到2003年3月26日的6.18元，下跌了6.36%（见图2−61中标注）。

第2次"白龙入水"组合出现在2003年6月19日，当日的DIFF线为−0.00，股价为8.09元，白龙入水后，股价就由入水日的8.09元下跌到2003年7月30日的7.18元，下跌了11.48%（见图2−62右中标注）。

第3次至第13次白龙入水组合出现后，股价分别下跌了11.75%、37.41%、38.58%、（未跌）、7.66%、12.32%、（未跌）、15.36%、10.38%、9.58%、61.61%。（见图2−63～图2−74）该股13次白龙入水组合的具体数据见表2−2：

该股12次"白龙出水"的走势情况是：

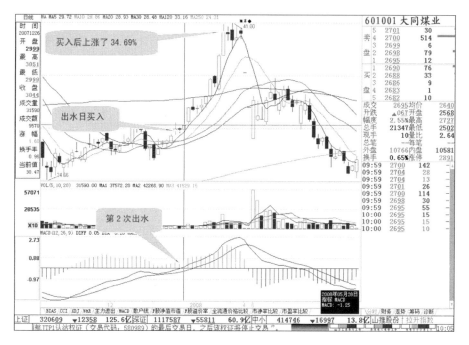

图2−60

表2-2 中信证券（600030）13次白龙入水数据表

序号	白龙入水			后市走势			图示
	日期	DIFF	股价	日期	股价	下跌幅度	
1	2003.3.20	−0.01	6.60元	2003.3.26	6.18元	−6.36%	图2-61
2	2003.6.19	−0.00	8.09元	2003.7.30	7.18元	−11.48%	图2-62
3	2003.9.30	−0.01	7.23元	2003.11.28	6.38元	−11.75%	图2-63
4	2004.4.9	−0.00	9.22元	2004.8.2	5.77元	−37.41%	图2-64
5	2004.12.1	−0.01	6.79元	2005.3.31	4.17元	−38.58%	图2-65
6	2005.6.2	−0.03	4.74元	2005.6.10	6.56元	+38.39%	图2-66
7	2005.8.17	−0.02	5.09元	2005.8.26	4.70元	−7.66%	图2-67
8	2005.10.14	−0.01	4.95元	2005.10.27	4.34元	−12.32%	图2-68
9	2006.3.8	0.00	6.18元	2006.5.17	18.35元	+196.92%	图2-69 图2-70
10	2006.7.19	−0.04	13.60元	2006.8.10	11.51元	−15.36%	图2-71
11	2007.6.28	−0.05	54.68元	2007.7.5	49.00元	−10.38%	图2-72
12	2007.11.22	−0.58	87.24元	2007.12.18	78.88元	−9.58%	图2-73
13	2008.1.21	−0.52	79.98元	2008.6.10	30.70%	−61.61%	图2-74

备注：上述的13次白龙入水组合，有11次依照法则下跌了，但有2次却逆势上涨，原因是白龙入水时，处在上升行情调整即将结束的位置，所以下跌的幅度小，或出现不跌反涨的走势。

第1次"白龙出水"出现在2003年4月1日，当日的DIFF线为0.01，股价为6.99元，出水后，股价就由出水日的6.99元上升到2003年4月16日的9.28元，上升了32.76%（见图2-75上标注）。

第2次"白龙出水"出现在2003年9月1日，当日的DIFF线为0.02，股价为7.93元，出水后，股价就由出水日的7.93元上升到2003年9月24日的8.10元，上升了2.14%（见图2-76上右标注）。

该股第3次至第12次的白龙出水组合出现后，股价分别上涨了50.28%、15.78%、8.36%、9.15%、（逆势下跌）、45.60%、186.71%、388.16%、89.93%、5.88%（见图2-77~图2-87）。

该股12次白龙出水组合的具体数据见表2-3。

图2-61

图2-62

图2-63

图2-64

图2-65

图2-66

图2-67

图2-68

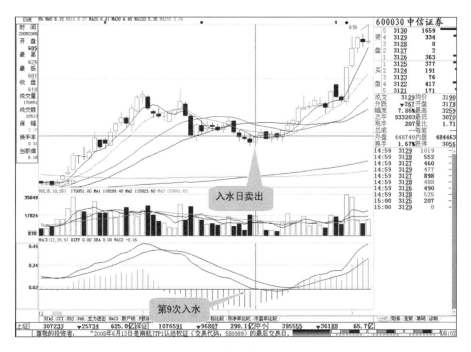

图2-69

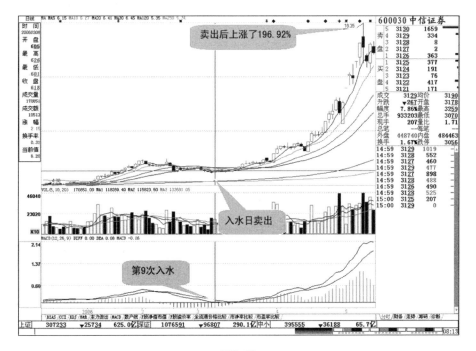

图2-70

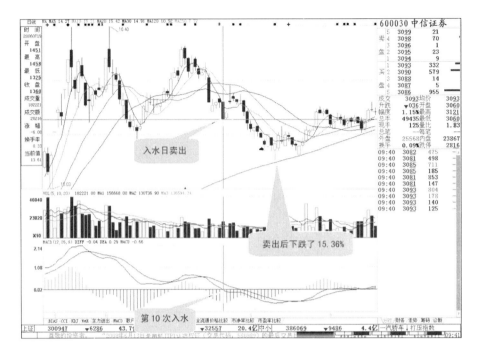

图2-71

图2-72

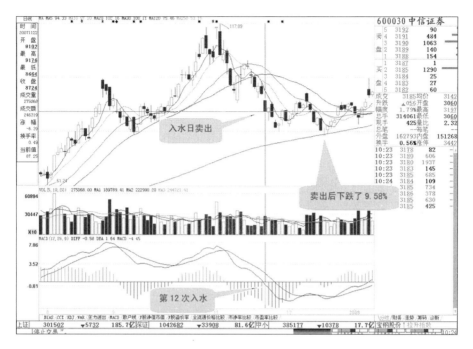

图2-73

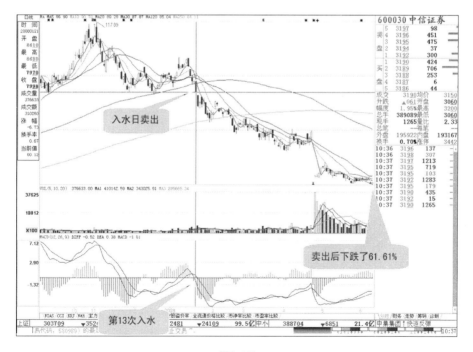

图2-74

表2-3 中信证券（600030）12次白龙出水数据表

序号	白龙出水			后市走势			图示
	日期	DIFF	股价	日期	股价	上涨幅度	
1	2003.4.1	0.01	6.99元	2003.4.16	9.28元	+32.76%	图2-75
2	2003.9.1	0.02	7.93元	2003.9.24	8.10元	+2.14%	图2-76
3	2003.11.28	0.00	7.10元	2004.2.19	10.67元	+50.28%	图2-77
4	2004.9.3	0.02	6.65元	2004.9.24	7.70元	+15.78%	图2-78
5	2005.4.27	0.01	5.14元	2005.5.11	5.57元	+8.36%	图2-79
6	2005.6.9	0.05	6.01元	2005.6.10	6.56元	+9.15%	图2-80
7	2005.9.26	0.01	5.50元	2005.10.17	4.78元	−13.09%	图2-81
8	2005.11.29	0.01	4.89元	2006.2.6	7.12元	+45.60%	图2-82
9	2006.3.16	0.00	6.40元	2006.5.17	18.35元	+186.71%	图2-83
10	2006.9.4	0.01	13.52元	2007.5.28	66.00元	+388.16%	图2-84 图2-85
11	2007.7.23	0.26	62.07元	2007.11.5	117.89元	+89.93%	图2-86
12	2008.1.8	0.03	92.88元	2008.1.15	98.35元	+5.88%	图2-87
备注:该股12次"白龙出水"组合中，第7次逆势下跌，原因是白龙出水时处在反弹行情的顶部，当天又放出大量，所以不涨反跌。							

图2-75

图2-76

图2-77

图2-78

图2-79

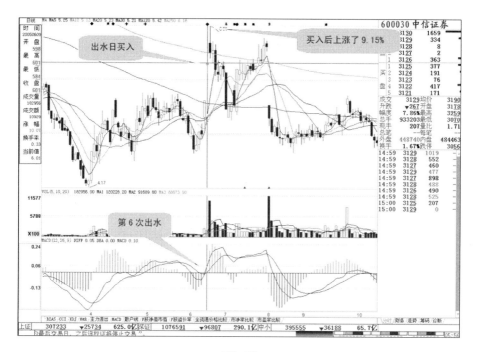

图2-80

图2-81

图2-82

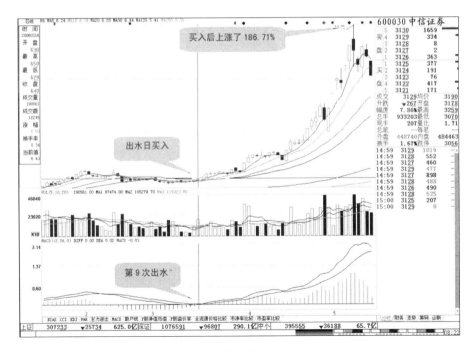

图2-83

图2-84

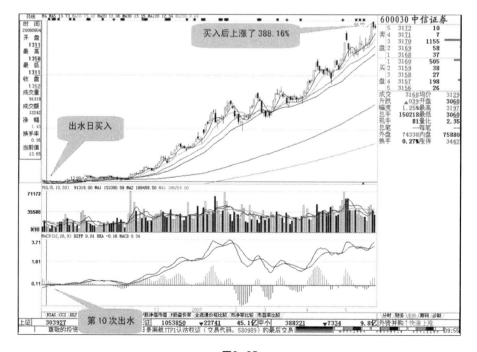

图2-85

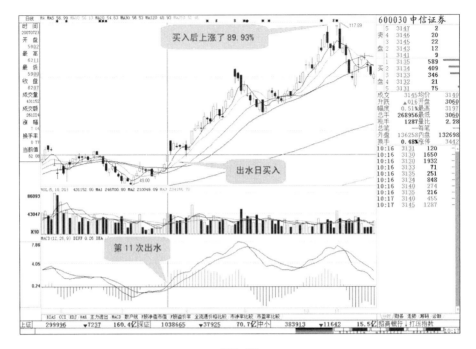

图2-86

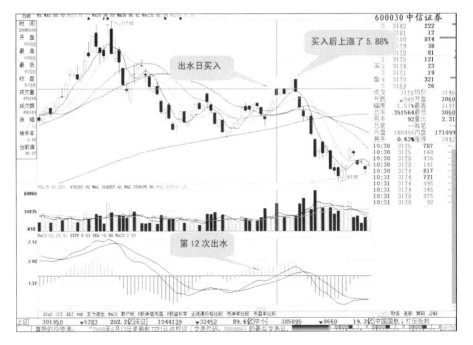

图2-87

上述两支股票的走势表明，白龙入水和白龙出水组合虽是可信的做空与做多信号，但在个别情况下，也会出现逆势上行或逆势下行的走势，进而给投资者带来不应有的损失。如中信证券（600030）在2005年6月2日和2006年3月8日出现的白龙入水组合就是如此，这两次白龙入水组合出现后，股价不但没有下跌，反而分别逆势上涨了38.39%和196.92%。该股在2005年9月26日形成的一次白龙出水组合也是如此。该组合出现后，股价应该上涨而没有上涨，反而下跌了13.09%。以上情况表明，操作"白龙入水"和"白龙出水"组合也要随时防范风险，以免遭受意外损失。为了有效防止白龙入水和白龙出水组合逆势走势所造成的损失，须注意以下几点：

一是操作出现在下降行情中的"白龙出水"组合，如果是"顶背离"走势，就应快进快出做短线。如图2-87中的中信证券（600030），该股在2008年1月8日形成的白龙出水组合就属"顶背离"走势。白龙出水日，该股的DIFF线由前一日的-0.43，变为+0.03，呈上升走势。而当天的K线则收的是阴线，向下跌落，股价与DIFF线的走向为背离形态。经验告诉我们，成背离走势的白龙出水组合上升幅度一般有限，稍有盈利就应落袋为安。事实确实如此，该股的这次白龙出水组合形成后，股价仅上升了5.88%就转势下行，如果不快进快出做短线，那么就会挨套。

二是出现在上升途中的白龙入水组合是上升波段的一种暂时调整走势，下跌的空间有限，调整过后，还会重续升势，一般不要做空，待调整到位后，即DIFF线向上抬头并突破零轴线时再反向做多。如中信证券（600030），在2006年3月8日形成的第9次白龙入水组合，就属波段调整形态。白龙入水后，完全没有下跌，仅横盘了4个交易日就大幅向上飙升，如果依据白龙入水的操作法则卖出了股票，那么就要惨遭踏空损失，如能在其后的白龙出水组合出现时做多，则就可以轻松大赚一笔。

三是"白龙出水"的当日如果出现放量急涨的走势，则不要急于在当天做多，而应等待回档后再买入，这样可降低进货成本。如中信证券（600030）在2005年9月26日形成的第7次白龙出水组合就属"放量急涨"走势。出水日当天，该股收了一条向上空跳的大阳线，日升幅达4.76%，当日的成交量由前一日的3155.98万股，猛增到8504.89万股，增加了5348.91万股，增幅达169.48%，形成典型的"放量大涨"走势。白龙出水后的第二天，该股就收了一条大阴线，其后接连下跌了十多天，股价由白龙出水日的5.50元下跌到2005年10月27日的4.37元，下跌了20.54%，如果仓促在白龙出水日买入，则每股就要增加进货成本1.13元。反过来讲，如果在调整到位后的4.37元价位买入股票，则就可增加20.54%的收益（见图2-88下标注）。

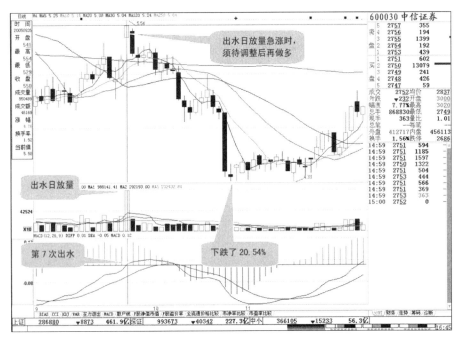

图2-88

第六节 股价在半年线上的金叉组合

Section 6

　　"股价在半年线上的金叉组合"，是指DIFF线由下向上金叉了DEA线，且金叉的当天股价处在半年线之上，这一走势就称为"股价在半年线上的金叉组合"。该形态的特征是：

　　一、金叉时DIFF线和DEA线均应为负值。

　　二、金叉的当日，股价应处在半年线之上。

　　该形态的应用法则是做多。做多的原理可从两方面进行理解：

　　1.股价站到半年线之上，表明当前的行情仍然属强势，后市继续上涨的可能性较大，此时做多，成功率较高。

　　2.DIFF线和DEA线在负值区实现金叉，表明股价已下跌到了低位，不用担心挨套，即便被套了，也容易解套。同时也表明做多力量已大于做空力量，金叉本身就是多方力量大于空方力量的证据。这就是说，股价处在低位，多方力量增强意味着后市会有一波反弹行情出现，或上涨行情会延续上涨走势，故可以放心做多。

　　下面以隆平高科（000998）和红阳能源（600758）两支股票上市以来的走势为例，以此来印证该形态做多的可靠性。

　　隆平高科（000998）2000年12月11日上市，该股在上市以来的7年多时间里，先后出现了3次"股价在半年线上的金叉组合"。

　　第一次金叉出现在2004年5月17日，当日的DIFF线为-0.42，DEA线为-0.43，DIFF线金叉了DEA线-0.01（见图2-89下标注）。当日的股价为13.85元，MA120（半年线）13.49元，股价超过半年线0.36元。此后，该股继续上涨了十多天，股价由2004年5月17日该组合形成日的13.85元上升到2004年6月2日的15.50元，上涨了11.91%（见图2-89上标注）。

　　第二次金叉出现在2005年2月18日，当日的DIFF线为-0.04，DEA线为-0.07，DIFF线金叉了DEA线-0.03（见图2-90下标注）。当日的股价为11.34元，MA120线为11.28元，股价高出半

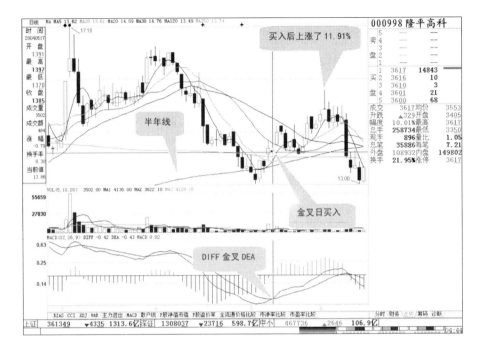

图2-89

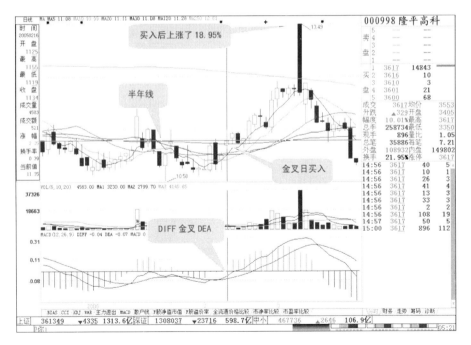

图2-90

年线0.06元。此后，该股继续上涨了两个多星期，股价由2005年2月18日金叉出现日的11.34元上升到2005年3月7日的13.49元，上涨了18.95%（见图2-90上标注）。

第三次金叉出现在2008年4月14日，当日的DIFF线为−0.52，DEA线为−0.65，DIFF线金叉了DEA线−0.13。当日的股价为18.88元，MA120线为16.13元，股价高出半年线2.75元。此后，该股狂涨了17天，股价由2008年7月14日金叉出现日的18.88元上升到2008年5月9日的36.17元，上涨了91.57%（见图2-91上标注）。

该股的上述走势充分表明，"股价在半年线上的金叉组合"是令人信服的做多信号，据此买入股票的投资者一般都能获得丰厚的回报。

下面我们来观察红阳能源（600758）的走势，看看该股是不是也能给投资者带来收益。

红阳能源（600758）1996年10月29日上市，12年来，该

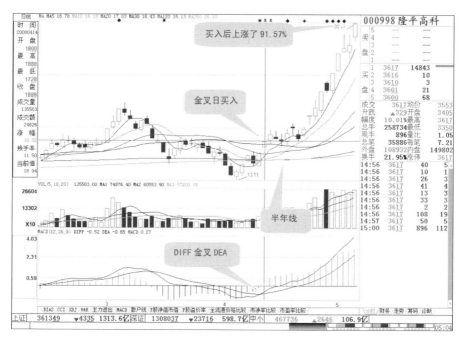

图2-91

股先后出现了6次"股价在半年线上的金叉组合"。

第1次金叉组合出现在2000年7月21日，该组合出现后，股价就由金叉日的9.90元上升到2000年8月21日的11.37元，上涨了14.84%（见图2-92上标注）。

第2次金叉组合出现在2000年10月11日，该组合出现后，股价由该组合形成日的10.14元上升到2000年11月16日的11.98元，上涨了18.14%（见图2-93上标注）。

第3次金叉组合出现在2000年12月19日，该组合出现后，股价由该组合形成日的11.21元上升到2001年1月11日的13.08元，上涨了16.68%（见图2-94上标注）。

第4次金叉组合出现在2002年6月21日，该组合出现后，股价由该组合形成日的8.52元上升到2002年6月25日的9.51元，上涨了11.60%（见图2-95上标注）。

第5次金叉组合出现在2007年7月16日，该组合出现后，股价由该组合形成日的8.44元上升到2007年9月7日的15.20元，上涨了80.09%（见图2-96上标注）。

第6次金叉组合出现在2008年2月19日，该组合出现后，股价由该组合形成日的13.03元上升到2008年3月7日的14.69元，上涨了12.73%（见图2-97上标注）。

红阳能源（600758）6次"股价在半年线上的金叉组合"的具体情况见表2-4。

操作"股价在半年线上的金叉组合"应注意的事项是：

1.当股价与半年线均处在高位，DIFF线与DEA线的金叉

表2-4 红阳能源（600758）6次"股价在半年线上金叉组合"数据表

序号	日期	DIFF金叉DEA情况			股价与半年线		后市上涨情况			
		DIFF	DEA	金叉	股价	MA120	日期	股价	升幅	图示
1	2000.7.21	−0.19	−0.21	−0.02	9.90	9.19	2000.8.21	11.37	14.84%	图2-92
2	2000.10.11	−0.13	−0.14	−0.01	10.14	10.18	2000.11.16	11.98	18.14%	图2-93
3	2000.12.19	+0.02	+0.01	+0.01	11.21	10.48	2001.1.11	13.08	16.68%	图2-94
4	2002.6.21	−0.03	−0.06	−0.03	8.52	8.20	2002.6.25	9.51	11.60%	图2-95
5	2007.7.16	−0.69	−0.70	−0.01	8.44	7.84	2007.9.7	15.20	80.09%	图2-96
6	2008.2.19	−0.08	−0.13	−0.05	13.03	12.19	2008.3.7	14.69	12.73%	图2-97
备注：2000年12月19日的"金叉"均为正值，但紧靠零轴线，可按负值对待。										

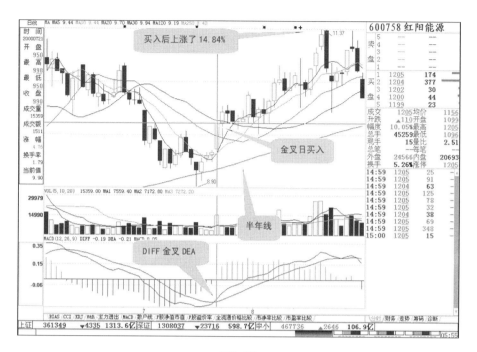

图2-92

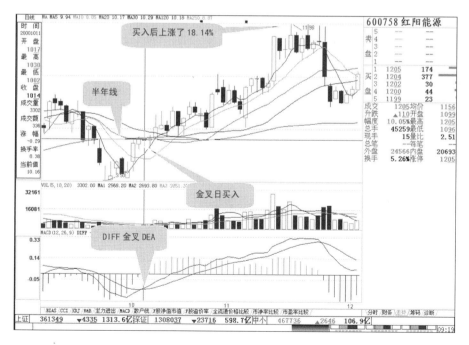

图2-93

图2-94

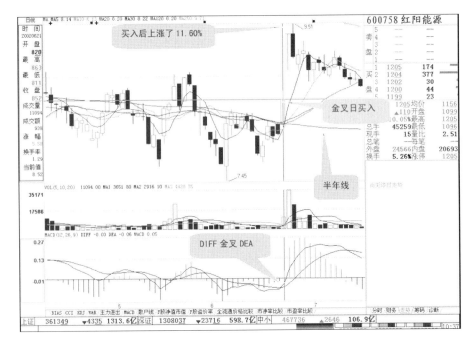

图2-95

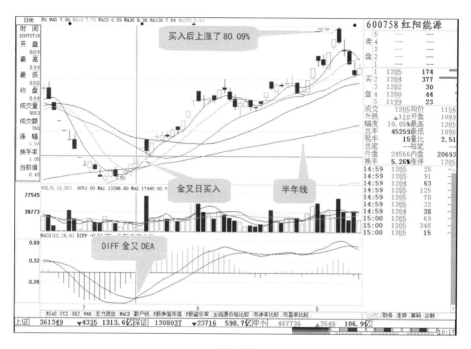

图2-96

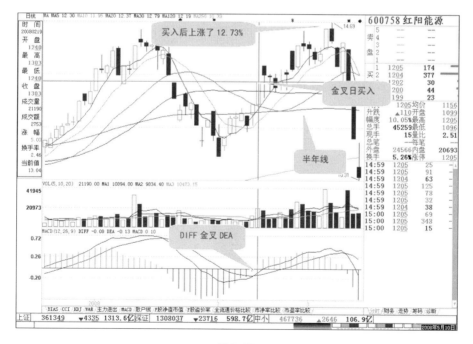

图2-97

点位离零轴线又较近时，表明上升空间已经不大，应快进快出做短线，稍有盈利就应落袋为安，不可贪心恋战。如红阳能源（600758）2008年2月19日形成的"金叉"就是如此。金叉日，股价与半年线分别达到了13.03元和12.19元，价位相应较高，而且金叉日的DIFF线和DEA线的线值，分别为-0.08和-0.13，离零轴线很近，表明该股后市的上升空间相对狭小。事实也是如此，金叉后，该股仅上涨了12.73%就转势下行，跌回到前起涨点以下，如不见好就收，就有可能因深套而割肉，进而导致由赚变亏。

2.对于不完全符合"股价在半年线上的金叉组合"特征的形态，不要一概认为不能做多而放弃，而应刻用其他的组合形态进行判断，有上升空间的也应及时介入，以免错失赚钱机会。如红阳能源（600758）在2007年12月6日形成的"金叉"，股价没有站到半年线的上方，按"股价在半年线上的金叉组合"特征，是不能进行买入操作的，但可按"低位两次金叉组合"形态买入（见图2-98下标注），这样就可利用一切机会获利。

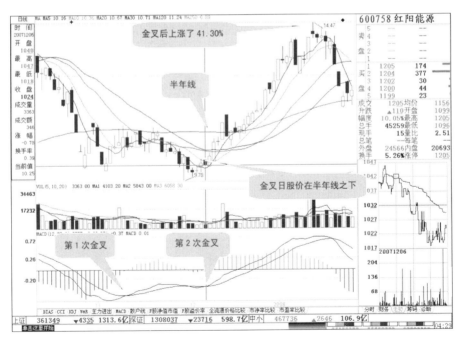

图2-98

图2-99

3.在下降行情中出现的"股价在半年线上的金叉组合"显示的是反弹结束的信号,不应做多,而应做空,卖出股票。如图2-99中的中色股份(000758)1999年1月19日所形成的"股价在半年线上的金叉组合"就出现在下降行情中,金叉后,股价仅上涨了1.14%就反转向下,跌幅达9.28%。如不在金叉日做空,那就要挨套。

第七节　DIFF线平底金叉组合

Section 7

"DIFF线平底金叉组合",是指DIFF线处在负值区,连续出现3次以上的同值低点,然后向上穿越DEA线形成金叉,这种走势就构成了"DIFF线平底金叉组合"。该组合应具备的特征是：

1.DIFF和DEA两条图线均应为负值。

2.DIFF线在低位横移的时间不得少于4个交易日，其中，至少有3天同值。

3.DIFF线金叉DEA线的时间应在平底走势结束后的第二天或第三天实现，间隔时间超过三天的金叉走势不属本例研究的对象。

"DIFF线平底金叉组合"的应用法则是金叉日买入。

该形态做多的原理有两条：

一是DIFF线在负值区形成的平底，实际上就是股价跌到低位后底部承接力加强的一种表现，表明股价已拒绝下跌，是典型的见底信号。

二是平底之后的金叉是做多力量进一步增强的体现，金叉日往往是股价向上突破盘底时形成的平台高点的时间，突破后会有一涨，金叉日做多，获利十分稳当。

下面以苏常柴（000570）和贵糖股份（000833）两支股票上市以来的走势为例，以此来印证"DIFF线平底金叉组合"做多的有效性。

我们先来分析苏常柴（000570）的走势。该股1994年7月1日上市，至2008年为止已有14个年头了，14年来，该股先后走出了5次"DIFF线平底金叉组合"。

第1次组合出现在1995年12月下旬，平底的起点为1995年12月14日，结束点为12月28日，历时15天。平底低点的DIFF线为-0.69，共出现了5次，是标准的平底形态（见图2-100下左标注）。DIFF线金叉DEA线的时间为12月29日，当日的DIFF线为-0.65，DEA线为-0.67，DIFF线上穿了DEA线-0.02（见图2-100下右标注），由此构成的"DIFF线平底金叉组合"显示强烈的见底信号，应及时做多。该股的后市走势印证了这一分析，自"DIFF线平底金叉组合"形成后，该股就大涨了4个多月，股价由1995年12月29日"平底金叉组合"形成日的7.80元上升到1996年4月4日的19.00元，上涨了143.58%（见图2-100上标注）。

　　第2次"DIFF线平底金叉组合"出现在2000年12月中下旬，平底的起点为2000年10月16日，结束点为10月20日，历时5天。平底的低点为-0.43，连续出现了4日，也是相当标准的平底形态（见图2-101下左标注）。金叉日为2000年10月23日，当日的DIFF线为-0.34，DEA线为-0.38，DIFF线金叉了DEA线-0.04（见图2-101下右标注），由此构成的"DIFF线平底金叉组合"也是相当可信的见底信号，金叉日买入同样能稳妥获利。该股的后市走势确实如此，自"平底金叉组合"出现后，该股就连续上涨了5天，股价由2000年10月23日金叉形成日的13.36元上升到2000年10月30日的14.98元，上涨了12.12%（见图2-101上标注）。

　　第3次"DIFF线平底金叉组合"出现在2002年11月下旬，平底的起点为2002年11月22日，结束点为2002年11月27日，平底的低点为-0.32，历时4天，也是十分标准的平底形态（见图2-102下左标注）。金叉时间为2002年11月29日，当日的DIFF线为-0.25，DEA线为-0.27，DIFF线金叉了DEA线-0.02（见图2-102下右标注），由此构成的"DIFF线平底金叉组合"也是相当可信的见底信号，金叉日买入同样能稳妥获利。该股的后市走势印证了以上的分析，自该组合出现后，该股就连涨了三波，股价由2002年11月29日"平底金叉组合"日的5.63元，上升到2003年1月15日的6.71元，上涨了19.61%（见图2-102上标注）。

　　第4次"DIFF线平底金叉组合"出现在2007年11月中旬，此次组合出现后，股价就由2007年11月19日该组合形成日的12.02元上升到2008年1月16日的15.65元，上涨了30.19%（见图2-103上标注）。

　　第5次"DIFF线平底金叉组合"出现在2008年5月上旬，此次组合出现了逆势走势，该组合出现后，股价不涨反跌，由2008年5月6日该组合形成日的8.95元下跌到2008年6月20日的4.36元，下跌了51.28%（见图2-105下标注）。

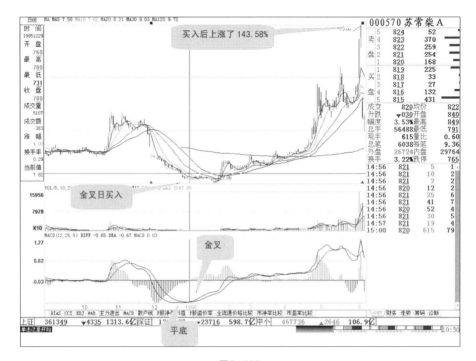

图2-100

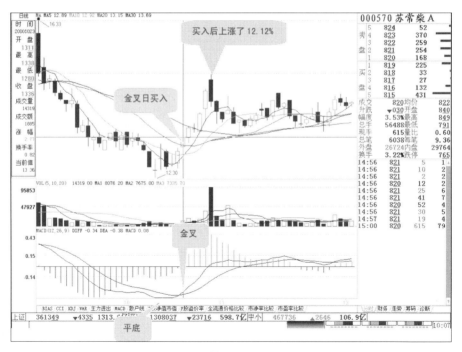

图2-101

图2-102

图2-103

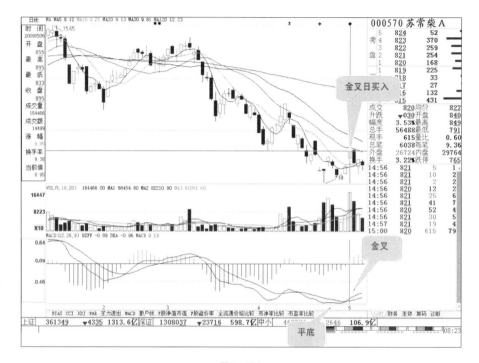

图2-104

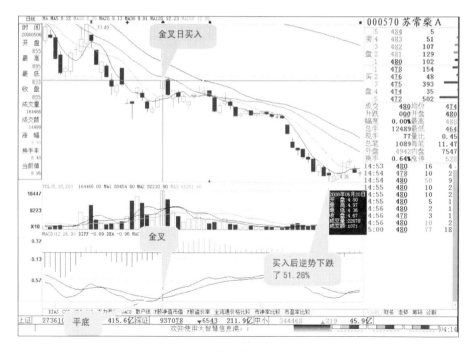

图2-105

苏常柴（000570）5次"DIFF线平底金叉组合"走势的具体情况见表2-5：

下面我们来分析贵糖股份（000833）的走势。

该股1998年11月19日上市，至2008年为止，已整整10年，在这10年中，该股先后走出了12次"DIFF线平底金叉组合"，每次组合均获得成功，没有一次失利。为了节约读者的阅读时间，本例就不再详细分析，仅列表说明。

贵糖股份（000833）12次"DIFF线平底金叉组合"走势的具体情况见表2-6：

操作"DIFF线平底金叉组合"应注意的事项：

1.在下降行情中出现的"DIFF线平底金叉组合"只适宜做短线，要快进快出，有了盈利就应出货，不可贪多恋战，以免挨套。在前面的例子中，多次提到这一问题，因为在下降行情中，DIFF线金叉DEA线是股市反弹即将结束的信号，后市上升空间有限，所以一有盈利就应落袋为安，否则，不但赚不到分文，反而还会倒贴一把。如图2-118中的贵糖股份（000833），在2005年5月16日形成的"DIFF线平底金叉组合"就属这种情况，该组合出现后，仅上涨了5.16%就转势下行，下跌了2个多月，股价由金叉日的3.10元下跌到2005年7月19日的2.27元，下跌了36.56%，如果不快进快出，见好就收，就会被深度套牢（见图2-118下标注）。

表2-5 苏常柴（000570）5次"DIFF线平底金叉组合"数据表

序号	平底构成情况		DIFF线金叉DEA线情况				后市走势		
	平底起止日期	平底低点	金叉日期	DIFF线值	DEA线值	当日股价	日期	股价	升幅
1	1995.12.14 1995.12.28	−0.69	1995.12.29	−0.65	−0.67	7.80	1996.4.4	19.00	143.58%
2	2000.10.16 2000.10.20	−0.43	2000.10.23	−0.34	−0.38	13.36	2000.10.30	14.98	12.12%
3	2002.11.22 2002.11.27	−0.32	2002.11.29	−0.27	−0.28	5.63	2003.1.15	6.71	19.61%
4	2007.11.12 2007.11.16	−1.00	2007.11.19	−0.89	−0.91	12.02	2008.1.16	15.65	30.19%
5	2008.4.23 2008.4.30	−1.00	2008.5.6	−0.89	−0.96	8.95	2008.6.20	4.36	−51.28%
备注：2008年5月6日的"平底金叉组合"出现后，股价逆势下跌了51.28%。									

表2-6 贵糖股份（000833）12次"DIFF线平底金叉组合"数据表

序号	平底构成情况		DIFF线金叉DEA线情况				后市走势		
	平底起止日期	平底低点	金叉日	DIFF	DEA	股价	日期	股价	升幅
1	2000.5.15 2000.5.18	−0.21	2000.5.24	−0.12	−0.14	8.29	2000.7.11	11.78	42.09%
2	2000.9.29 2000.10.29	−0.39	2000.10.9	−0.32	−0.34	8.88	2000.12.5	11.57	30.29%
3	2001.10.18 2001.10.22	−0.55	2001.10.23	−0.48	−0.52	8.54	2001.10.24	9.29	8.78%
4	2003.10.31 2003.11.5	−0.35	2003.11.10	−0.30	−0.31	4.54	2003.12.12	5.10	12.33%
5	2004.8.20 2004.9.2	−0.04	2004.9.3	−0.01	−0.03	5.46	2004.9.21	6.25	14.46%
6	2005.2.16 2005.2.21	−0.04	2005.2.22	−0.02	−0.04	4.59	2005.2.24	4.92	7.18%
7	2005.5.9 2005.5.13	−0.32	2005.5.16	−0.29	−0.29	3.10	2005.5.20	3.26	5.16%
8	2005.7.15 2005.7.21	−0.20	2005.7.22	−0.18	−0.19	2.44	2005.10.18	4.17	70.90%
9	2006.3.13 2006.3.18	−0.06	2006.3.12	−0.01	−0.02	5.35	2006.5.16	13.41	150.65%
10	2006.8.7 2006.8.15	−0.61	2006.8.17	−0.52	−0.55	6.79	2006.9.6	7.43	9.42%
11	2006.11.17 2006.11.23	−0.28	2006.11.27	−0.23	−0.25	5.71	2007.5.25	13.00	127.67%
12	2007.11.13 2007.11.20	−0.33	2007.11.21	−0.26	−0.27	8.44	2008.3.5	22.33	164.57%
备注：									

2.平底到金叉出现的时间中间最多只能隔三天，第四天就应金叉，如果到第四天以后才金叉，则不宜买入，甚至要反向操作，卖出股票。如苏常柴（000570）在2001年8月上旬形成的"DIFF线平底金叉组合"就属超时的金叉形态。该股平底的起点为2001年8月6日，终点为8月9日，历时4天，平底低点为−0.64，平底形成后，直到8月16日在隔了5天的时间后才实现"金叉"（见图2-119右下标注），超出正常金叉时间两天，所以该股没有按正常的走势上涨，而是在金叉后的第二天就下跌，直到2001年10月22日的6.71元才止跌，下跌了31.67%（见图2-119下右标注），由此证明，操作"DIFF线平底金叉组合"要严格遵守该形态的基本特征，否则就会挨套。为了防止失误，依据该组合买入

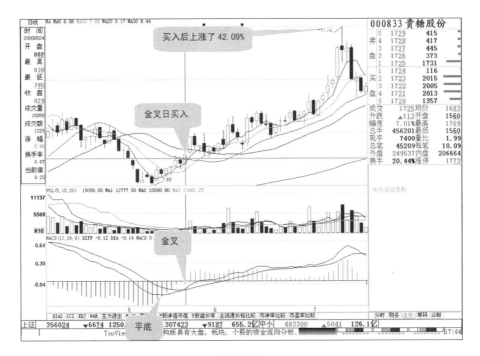

图2－106

图2－107

图2-108

图2-109

图2-110

图2-111

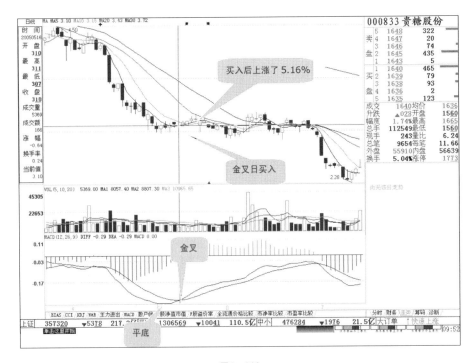

图2-112

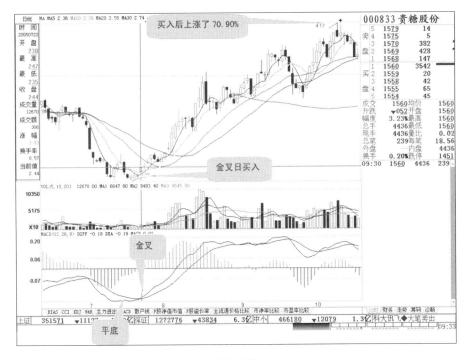

图2-113

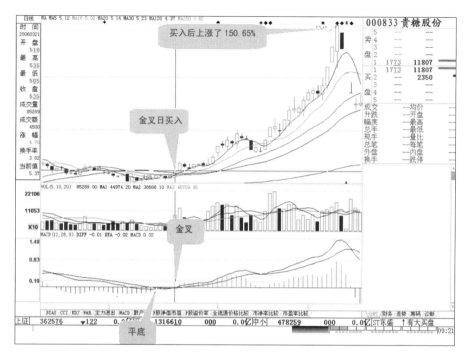

图2-114

图2-115

图2-116

图2-117

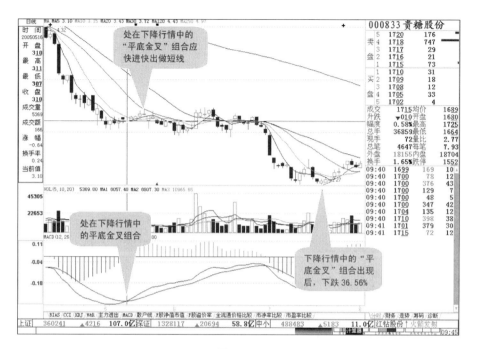

图2-118

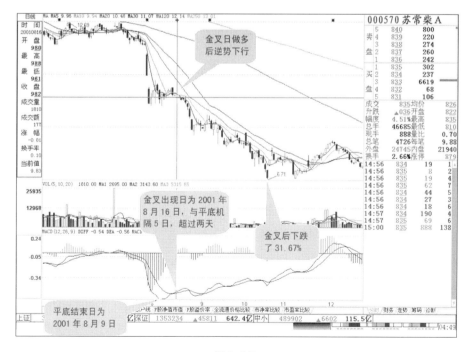

图2-119

股票后应随时设置好止损点，当股价逆势下行、跌破了止损价位时，就应立即止损，以免损失扩大。

第八节　后底低点高于前底低点组合

Section 8

"后底低点高于前底低点组合"，是指DIFF线跌到零轴线的下方后，先后出现了两个底部低点。第一个底部低点称为"前底"，第二个底部低点称为"后底"，若后底低点高于前底低点，则就构成了"后底低点高于前底低点组合"。该组合应具备的特征是：

1.前后两个底部低点应大体处在同一水平线上，后底的低点只能略高于前底的低点，而不能高得太多。

2.构成两个底部低点的DIFF线应为负值。

3.后底低点出现日相对应的股价应低于前底低点出现日相对应的股价。股价与DIFF线形成底背离形态。

4.两底低点之间应有DIFF线上穿DEA线和DIFF线下穿DEA线的"金叉"与"死叉"走势，并且这种"金叉"与"死叉"只能各出现一次。

"后底低点高于前底低点组合"是强烈的见底信号，应用法则是后底低点出现日做多。

该组合做多的原理是：

一是DIFF线跌到零轴线的下方后，一般来讲，股价已基本跌到了底部（或波段调整到位），做多的风险已大大降低，此时买入有把握获利。

二是前底低点出现时，股价已接近底部，亦或就是近段的底部低点，或后底低点出现时，是对前底低点的确认，因长时间的超卖，做空能量消耗极大，股价再跌也难，多头稍一用力，后市就会出现反弹，所以第二底出现时做多就能轻松获利。

　　下面以招商银行（600036）和赣粤高速（600269）两支股票的走势为例，以此来印证"后底低点高于前底低点组合"做多的可靠性。

　　首先我们来分析招商银行（600036）的走势。

　　该股2002年4月9日上市，6年来，该股先后走出了4次"后底低点高于前底低点组合"。

　　第一次组合出现在2002年11月下旬—2003年1月上旬，该组合的前底低点出现在2002年11月27日，DIFF线为-0.26，相对应的股价为8.71元（见图2-120下左标注）。后底低点出现在2003年1月7日，DIFF线为的-0.25，相对应的股价为8.07元。后底低点比前底低点抬高了-0.01。后底低点相对应的股价比前底低点相对应的股价低0.64元，构成的底背离形态十分明显（见图2-120下右标注），可放心买入。该股的后市走势印证了这一分析。自后底低点出现后，该股就垂直式地上涨了十多天，股价由2003年1月7日后底低点出现日的8.07元上升到2003年1月27日的10.02元，上涨了24.16%（见图2-120上标注）。

　　第二次组合出现在2004年3月上旬—2004年4月中旬，该组合的前底低点出现在2004年3月9日，当日的DIFF线为-0.24，相对应的股价为10.58元。后底低点出现在2004年4月19日，当日的DIFF线为-0.23，相对应的股价为10.30元。后底低点比前底低点抬高了-0.01。第二底低点相对应的股价比第一底低点相对应的股价降低了0.28元，构成了标准的"后底低点高于前底低点组合"。其后，该股小涨了一个多星期，股价由2004年4月19日后底低点出现日的10.30元上升到2004年4月30日的11.07元，上涨了7.47%（见图2-121上标注）。

　　第三次和第四次"后底低点高于前底低点组合"分别出现在2007年11月下旬—12月中旬和2008年2月下旬—3月中旬。这两次组合出现后，股价分别上涨了18.88%（见图2-122右上标注）和19.95%（见图2-123右上标注），由此表明，"后底低点高于前底低点组合"是可信的做多信号，完全可放心买入。

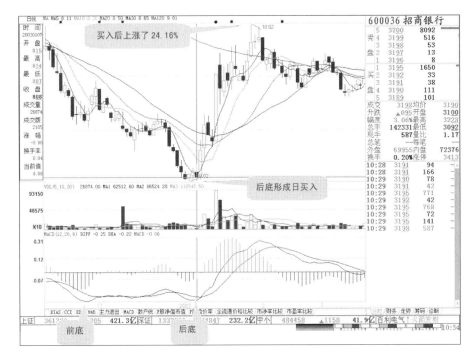

图2-120

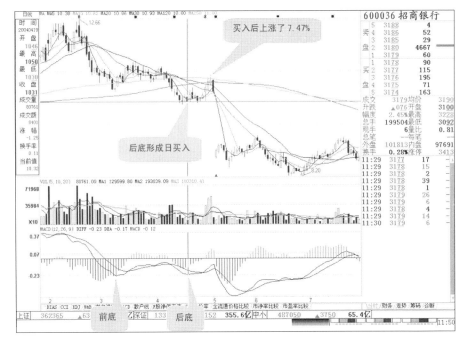

图2-121

图2-122

图2-123

下面分析赣粤高速（600269）的走势。该股2000年5月18日上市，8年来，该股也同样走出了4次可信的"后底低点高于前底低点组合"。

第一次组合出现在2000年9月下旬—2000年10月中旬，该组合的前底低点为2000年9月26日的-0.27，相对应的股价为16.58元。后底的低点为2000年10月19日的-0.25，相对应的股价为16.19元。后底比前底抬高了-0.02。后底相对应的股价比前底相对应的股价降低了0.39元，是可信的"后底低点高于前底低点组合"，可以放心买入。该股的后市走势印证了这一分析。自后底出现后，该股就上涨了1个多月，股价由2000年10月19日后底低点出现日的16.19元上升到2000年11月20日的18.10元，上涨了11.79%（见图2-124上标注）。

第二次组合出现在2001年4月下旬－2001年5月下旬，前底低点为2001年4月30日的-0.18，相对应的股价为16.86元。后底低点为2001年5月29日的-0.12，相对应的股价为16.76元。后底低点比前底低点抬高了-0.06。后底低点相对应的股价比前底低点相对应的股价降低了0.10元。该股的后底低点出现后，上涨了半个多月，股价由2001年5月29日后底低点出现日的16.76元上升到2001年6月13日的17.90元，上涨了6.80%（见图2-125上标注）。

第三次和第四次"后底低点高于前底低点组合"分别出现在2002年1月中下旬和2003年9月上中旬。这两次组合出现后，股价分别上涨了18.27%（见图2-126左上标注）和8.35%（见图2-127右上标注）。

上述两支股票的走势表明，"后底低点高于前底低点组合"是相当可信的见底信号，只要适时买入就能稳妥获利。

操作"后底低点高于前底低点组合"应注意的事项有：

一是要注意应对买进股票后的逆市走势。"后底低点高于前底低点组合"形成后，在绝大多数情况下，股价会走出一波反弹行情，给做多的投资者带来收益。但也会出现不涨反跌的走势，遇到这一情况时，应沉着应对，只要不跌破预先设置好的止损价位，就不要割肉出逃，应持股等待，如果出现第三个底部，则当其低点不低于第一个底部时，还可在第三个底部形成日附近价位补仓，后市能短平快获利。如赣粤高速（600269）在2002年1月27日形成"后底低点高于前底低点组合"后，仅上涨了一天就连收三阴，股价跌回到原买点附近时就止跌企稳了，而DIFF线在0.21处形成第三个底部低点后，就一路上涨了1个多月，在第三底低点附近补仓的投资者轻而易举地就获得了近两成的收益（见图2-128各标注）。

二是要注意把握好做多时的最佳点位。"后底低点高于前底低点组合"的最佳买入点位为后底低点出现的当日，但是当日有一个难题不好解决，那就是难以确认这天的低点是不是就是后底的低点，如能确认，那就可当天买入，如不能确认，则当日买入后，就会遇到出现新低点的风险。若从规避风险的角度考虑，则一般的投资者最好等到第二天DIFF线向上抬了头，形成明显的低点后再买入，此时股价虽然涨高了一些，进货成本有所增加，但买进后的风险却相应小得多，一般的投资者最好还是在后底低点

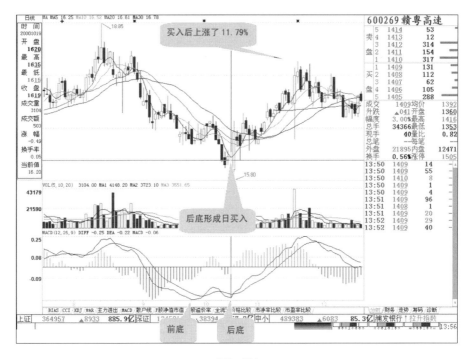

图2-124

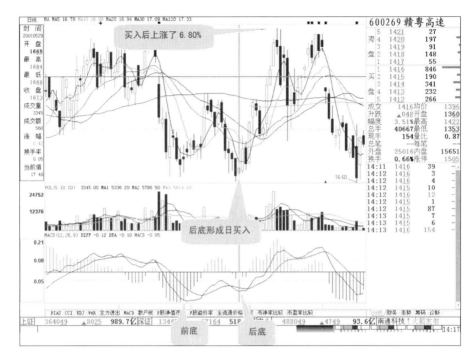

图2-125

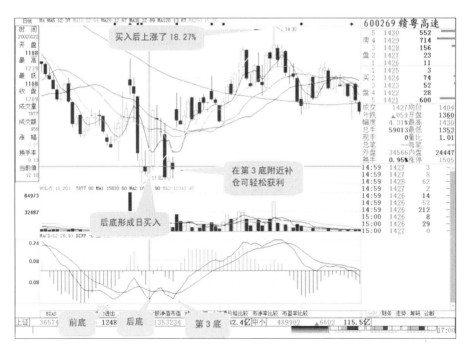

图2-126

图2-127

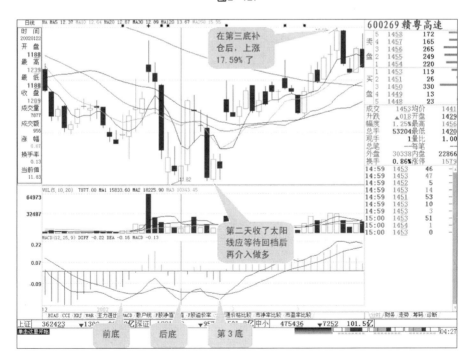

图2-128

出现后的第二天进货。需要说明的是，有的"后底低点高于前底低点组合"出现后的第二天，常常会意外地收出一条大阳线，如遇这一情况，就应等到第三天回档后才可进场买入，不然进货成本就太高了。如图2-128中的赣粤高速（600269）2002年1月22日形成的"后底低点高于前底低点组合"就属这一走势。后底的低点出现后，第二天收了一条涨幅达7.27%的大阳线，其后连续三天收阴，股价跌回到第二底低点出现日的开盘价附近，此时进场做多，至少能降低5%的进货成本，相当于赚了一波短线行情的收益。

第三章

反转形态的组合应用

由DIFF线构成的反转形态常见的有"头肩底组合"、"头肩顶组合"、"M头组合"、"W底组合"、"三重顶组合"和"三重底组合"等6种形态。这些形态，都是可信的底、顶反转信号，对于逃顶、抄底具有神奇的作用，坚持使用这些形态，会获得意想不到的效果。下面分别进行剖析。

第一节　头肩底组合

Section1

"头肩底组合"，是指股价经过一段深跌后，DIFF线在零轴线的下方形成了一个如同倒立人的图形，这种走势就是"头肩底组合"。该组合应具备以下特征：

1.DIFF线应处在零轴线的下方，即由DIFF线构成的头肩底形态中的两肩和头部的低点均应为负值。

2."头肩底组合"分标准型和非标准型两种形态。标准型头肩底的两肩有明显的肩部低点，非标准型的两肩，常出现溜肩的走势，即没有明显的肩部低点，而只有一点凸痕。

3."头肩底组合"中的头部低点必须低于左右两肩的低点。左右两肩的低点应大体处在同一水平线上，不能相差太大。

4."头肩底组合"的颈线位，为左肩低点出现之后DIFF线向上靠拢DEA线（超过也可）时的高点位，后市一般会反弹到此处相对应的股价价位。

"头肩底组合"的应用法则是抄底做多，最佳做多点位是右底低点出现日的当天。

"头肩底组合"的做多原理源于股价下跌的波段理论。经验告诉我们，股价在下跌过程中一般为三波下跌形态，即在一轮下跌行情中会出现三个下跌波浪，当第三个下跌波浪出现时，股价一般就跌到了底部，此时后市就会出现一波较有力度的反弹行情，投资者就可进场抢反弹，能轻松地赚一把短线收益。需要提醒的是，DIFF线的下跌波浪与股价的下跌波浪往往滞后一波，即股价下跌第一波的低点，相对应的是"头肩底组合"左肩的低点。股价下跌第二波的低点，相对应的是头部低点。股价下跌第三波的低点，相对应的是右肩的低点。这就是说，不看股价下跌的波浪，只要依据"头肩底组合"中的右肩低点做多，就能买到价位相对较低的筹码，后市就能稳妥获利。

下面以大连热电（600719）、西昌电力（600505）、新嘉联（002188）、海隆软件（002195）和独一味（002219）等股票为例，以此来印证"头肩底组合"做多的有效性。

图3-1是大连热电（600719）2005年8月23日－2005年12月12日的日线走势图，从图中可以看出，该股在2005年10月中旬－11月中旬期间走出了一个标准型的"头肩底组合"，该组合的左肩低点出现在2005年10月17日，DIFF线为-0.14，相对应的股价为3.95元（见图3-1下左1标注）。头部低点出现在2005年11月4日，DIFF线为-0.18，相对应的股价为3.56元（见图3-1下左3标注）。右肩低点出现在2005年11月15日，DIFF线为-0.14，相对应的股价为3.52元（见图3-1下左4标注）。"颈线位"出现在2005年10月24日，DIFF线和DEA线均为-0.11，相对应的股价为4.02元（见3-1下左2标注）。表明该股后市至少可上升到这一价位。该股的后市走势印证了这一分析，自"头肩底组合"形成后，股价就由2005年11月15日右肩低点出现日的3.52元上升到2005年11月28日的4.07元，上涨了15.62%（见图3-1上标注）。上升的价位超过理论价位0.05元，由此表明，"头肩底组合"是相当可信的抄底信号，可以放心做多。

图3-2是西昌电力（600505）2002年9月2日—2003年1月20日的日线走势图，从图中可以看出，该股在2002年10月下旬－2002年11月中旬的这段时间里也走出了一个十分标准的"头肩底组合"，该组合的左肩低点出现在2002年10月21日，DIFF线为-0.36，相对应的股价为11.53元（见图3-2下左1标注）。头部低点出现在2002年11月1日，DIFF线为-0.47，相对应的股价为10.69元（见图3-2下左3标注）。右肩低点出现在2002年11月14

日，DIFF线为−0.37，相对应的股价为10.47元。"颈线位"出现在2002年10月23日，当日DIFF线为−0.32，DEA线为−0.31，相对应的股价为11.79元，此价位就是该股后市应上升的高度。该股的后市走势确实如此，自"头肩底组合"形成后，股价就由2002年11月14日右肩低点出现日的10.47元上升到2002年12月4日的12.35元，上涨了17.95%，上升的价位超过了理论价位0.56元（见图3-2上标注）。

新嘉联（002188）、海隆软件（002195）和独一味（002219）等三支股票的走势与上两例一样，"头肩底组合"形成后，股价分别上涨了19.19%、26.85%和45.97%，均给投资者带来了满意的回报（见图3-3～图3-5）。

上述五支股票的走势表明，"头肩底组合"是千载难逢的抄底信号，应果断介入，而不要错失这一赚钱机会。但在操作时应注意以下几点：

1.个别"头肩底组合"形成后，容易出现短线回档走势，即

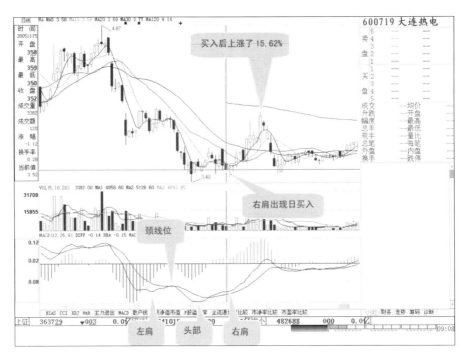

图3-1

图3-2

图3-3

图3-4

图3-5

上升的幅度不大时，很快就会跌回到右肩低点处，如遇这一情况，则只要不跌破前低或跌破止损价位，就不用担心，更不能割肉出逃，如果手头有后备资金，则还可趁此机会补仓。如图3-6中的西昌电力（600505）在2002年11月14日形成"头肩底组合"后，股价仅上涨了一天，升幅只有10.02%就回档，一直跌回到右底低点相对应的10.30元附近，但没有跌破10.30元这一"前低"，可在此补仓（见图3-6右中标注）。补仓后，该股连收三条阳线，升幅达17.90%，三天就能获得如此的收益，可见补仓的办法十分奏效。

2."头肩底组合"多处在熊／牛的拐点位置，该形态出现后，即宣告熊市行情基本结束，后市将会出现一波力度较大的上涨行情，短线投资者买进股票后可进行滚动操作，即在颈线位相对应的股价附近卖出后，可趁回档之机买回，然后再在高位卖出，来回操作，可多赚复利。如大连热电（600719）自2005年11月15日"头肩底组合"的右底低点3.50元的价位出现后，先后回调了5

图3-6

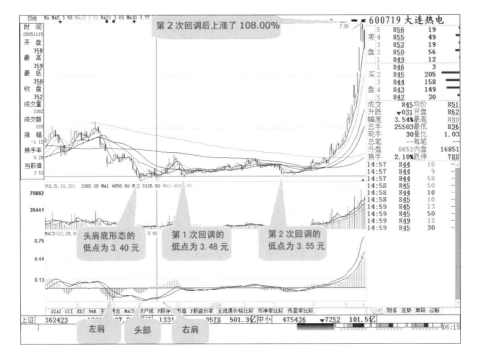

图3-7

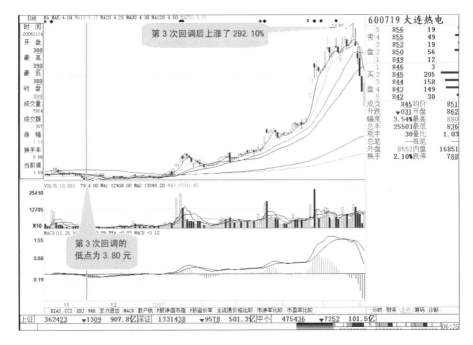

图3-8

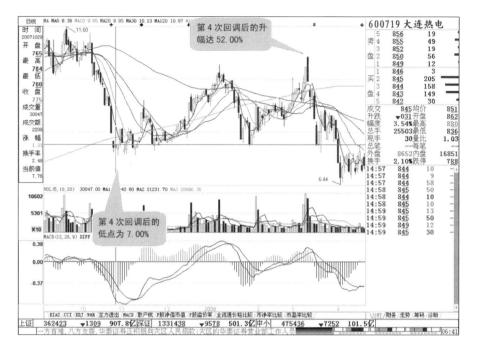

图3-9

图3-10

次，第1次回调的低点为2005年12月6日的3.48元，第2次回调的低点为2006年3月17日的3.55元，这两次回调均未跌破右底的低点，而且股价很快就由第2次回调的3.55元上升到2006年6月1日的7.28元，上涨了108.00%（见图3-7上标注）。该股后3次回调的低点分别为2006年11月14日的3.80元、2007年10月29日的7.00元和2008年4月25日的6.36元，其后，股价分别上涨了292.10%（见图3-8上标注）、52.00%（见图3-9上标注）和42.45%（见图3-10上标注）。由此可见，"头肩底组合"是只盈不亏的炒股绝招，依据该组合买进的股票，拿在手上三年五载不卖出也不会挨套。

第二节　头肩顶组合

Section 2

"头肩顶组合"，是指股价上升到高位后，DIFF线在零轴线的上方形成了左右各一个高点和中间一个更高的高点组成的图形，因该图形如同一个站立人体的两肩和头部，故称为"头肩顶"。该组合应具备的特征是：

1.DIFF线应处在零轴线的上方，即由DIFF线构成的头肩顶形态中的两肩和头部的高点均应为正值。

2."头肩顶"分标准型和非标准型两种形态，标准型的两肩有明显的肩部高点，非标准型的"头肩顶"的左右肩中常出现"溜肩"走势，即其中的一个肩部没有明显的高点，而只有一个平移的痕迹。

3."头肩顶"组合中的头部高点必须高于左右两肩的高点。左右两肩的高点不受限制，只要能看出像个站立的人体就行，但两肩的高点应大体处在同一水平线上。

4."头肩顶"组合中的两肩与头部高点和相对应的股价一般不同步，往往是股价的高点出现时，DIFF线的头部早已出现，而相对应的则是右肩的高点。

"头肩顶组合"的应用法则是，右肩高点出现日的当天或第二天卖出股票。

"头肩顶组合"做空的原理可从"顶背离"角度进行分析。顶背离的特点是，在股价上涨的过程中，是一顶比一顶高地向上攀升，而DIFF线，则一顶比一顶低地向下跌落。头肩顶组合是顶背离的典型形态头肩顶的出现，意味着股价走到了极端，后市会转势下行，在右肩高点价位卖出股票，就能有效地防止深套。

下面以智光电气（002169）、外高桥（600648）和美的电气（000527）等股票为例，以此来解剖该形态做空的有效性。

图3-11是智光电气（002169）2007年10月23日—2008年6月4日的日线走势图，从图中可以看出，该股在2007年12月中旬—2008年1月下旬期间走出了一个标准型的"头肩顶组合"，该组合的左肩高点出现在2007年12月17日，当日的DIFF线为0.88，相对应的股价为28.95元。头部高点出现在2008年1月3日，DIFF线为1.18，相对应的股价为31.07元。右肩高点出现在2008年1月18日，DIFF线为1.03，相对应的股价为32.38元。此处就是最佳的出货点位（见图3-11上标注）。卖出后，该股就大跌了三波，第一波由右肩出现日的32.38元下跌到2008年2月1日的23.09元，下跌了28.69%。第二波下跌到2008年4月22日的15.20元，下跌了53.05%。第三波下跌到2008年6月4日的13.75元，下跌了57.53%（见图3-11右下标注）。该股的这一走势充分表明，由DIFF线构成的"头肩顶组合"，其右肩的卖出信号是十分可信的，应大胆操作，果断做空。

图3-12是外高桥（600648）2007年6月27日—2008年6月4日的日线走势图，图中显示，该股在2007年9月上旬—2007年10月下旬期间走出了一个有2个左肩的复合型"头肩顶组合"，第1个左肩高点出现在2007年8月7日，当日的DIFF线为0.65，相对应的股价为14.40元。第2个左肩高点出现在2007年9月10日，当日的DIFF线为0.50，相对应的股价为15.52元。头部高点出现在2007年10月9日，DIFF线为1.01，相对应的股价为18.47元。右肩高点出现在2008年3月4日，DIFF线为0.39，相对应的股价为17.66元。此处

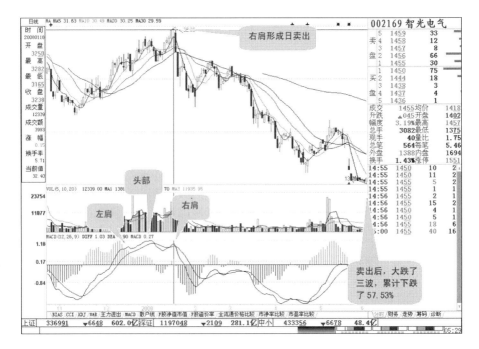

图3-11

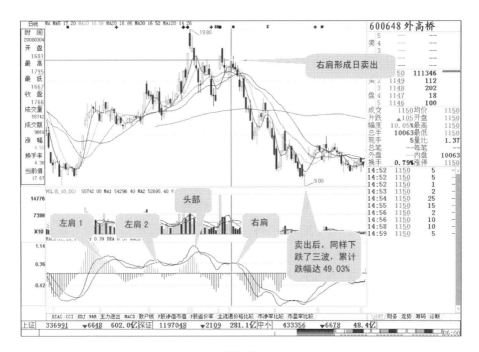

图3-12

就是该组合的最佳出货点位（见图3-12上标注）。卖出后，该股
同样大跌了三波，股价由右肩出现日的17.66元下跌到2008年4月
22日的9.00元，下跌了49.03%（见图3-12右下标注）。该股的这
一走势再次表明，由DIFF线构成的"头肩顶组合"是非常可信的
出货信号，在右肩高点附近卖出股票就是恰到好处的出货位置。

我们再来看看美的电气（000527）的走势。图3-13是该股
2007年10月9日—2008年6月4日的日线走势图，从图中可以看出，
该股在2008年1月上旬—2008年2月中旬的这段时间里走出了一个
相当漂亮的"头肩顶组合"，该组合的左肩高点出现在2008年1
月7日，当日的DIFF线为1.37，相对应的股价为38.82元。头部高
点出现在2008年1月23日，DIFF线为2.66，相对应的股价为46.50
元。右肩高点出现在2008年2月15日，DIFF线为1.67，相对应的
股价为46.69元。该组合出现后，该股就大跌了2个多月，股价由
右肩出现日的46.69元下跌到2008年4月22日的25.31元，下跌了
45.79%（见图3-13右下标注）。

操作"头肩顶组合"应注意的事项：

1.可依据DIFF线形成的"头肩顶"组合的头部高点与右肩
颈线低点的价差这一特征，进行"先卖—后买—再卖"的拔档操
作，如此一来，便可多获复利。上面的三个实例已证实，DIFF
线形成的"头肩顶"组合，与K线图的走势是不同步的，为了增
加收益，在右肩出现前，就可依据"三离三靠"组合中的第三离
出现日（多为头肩顶组合的头部高点出现日）先行卖出股票，然
后在头部与右肩之间的低点处接回，再在右肩形成日清仓，这
样就可多赚一波差价，其收益不亚于一次短线投资。如外高桥
（600648）在2007年9月上旬—2008年3月中旬形成的"头肩顶组
合"，头部高点离低点相差3.63元，幅度达19.65%，如能在头部
高点18.47元附近卖出，在颈线14.84元价位买回，则至少可以赚
15%的差价（见图3-14），这一收益在熊市行情中一年半载都难
碰到。

2."头肩顶组合"的右肩高点处是逃顶最关键的一个点位，
当右顶形成时，应尽可能地在当天卖出，因故不能在当天出手

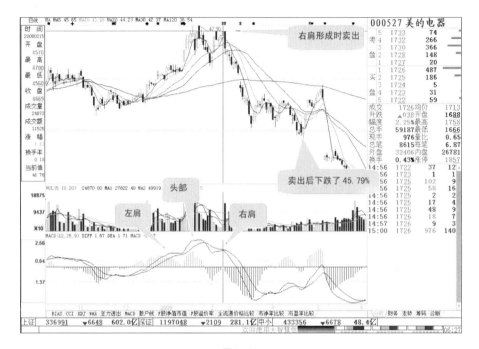

图3-13

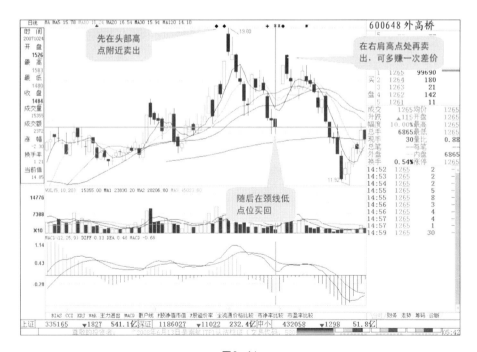

图3-14

时，则无论如何也得在第二天清仓，不然就会失去最佳的出货机会。从上面的三个实例中就可以看出，右肩形成后，多数股价立即转势下行，且跌幅相当大，如智光电气（002169）的右肩出现后，股价就下跌了57.53%，外高桥（600648）下跌了49.03%，美的电气（000527）下跌了45.79%，三支股票几乎都是将前升幅跌光（分别见图3-11，图3-12和图3-13）。

第三节　M头组合

Section 3

　　"M头"是指DIFF线上升到一定的高度后，便无力再继续上行，而在高位进行盘整，盘整中形成了前后两个顶部，其形状如同英文字母中的"M"，故称为"M头"，也就是通常说的双顶。该形态应具备的特征是：

　　1.形成M头的DIFF线应处在零轴线上方。

　　2.M头两顶之间的距离不宜过小，也不宜过大，标准距离应处在5个交易日到30个交易日之间。

　　3.M头的两个顶点的高度应大体处在同一水平线上，稍有差距也可，但相差不能悬殊，最好是右顶应略低于左顶。

　　M头的应用法则是：左顶出现时观望，右顶出现时卖出。

　　右顶卖出的原理是：

　　一、DIFF线在高位形成的M头右顶，一般为上升行情里的"三离三靠"中的第三离高点出现日，在本书的第一章第二节里已介绍过，上升行情中的第三离是最佳的出货点位，所以M头的右顶也就成为了最佳的卖点。

　　二、DIFF线形成了M头后，多半会立即出现一波较大的下跌行情，跌幅通常能达到前升幅的30%以上，而且右顶出现后，很少会出现第三个顶部，这就是说，M头出现后会一跌到底，没有第二次出货的机会，所以M头的右顶是难得的做空时机，一定要果断卖出，不然就有可能被套在高位。

下面以延华智能（002178）、ST黑豹（600760）和恒生电子（600570）等股票的走势来进行印证。

图3-15是延华智能（002178）2007年11月7日—2008年6月5日的日线走势图，图中显示，该股在2008年1月中旬走出了一个十分标准的M头组合。该组合的左顶出现在2008年1月3日，当日的DIFF线为1.17，相对应的股价为24.11元（见图3-15下左标注）。右顶出现在2008年1月18日，当日的DIFF线为1.08，相对应的股价为25.08元（见图3-15下右标注）。右顶形成后，该股大跌了半个多月，股价由右顶形成日的25.08元下跌到2008年2月1日的16.93元，下跌了32.49%（见图3-15中标注），其后略经反弹，该股又接着下跌了一波，直跌到2008年4月22日的10.87元才止跌走稳，累计下跌了56.65%（见图3-16下标注）。

我们再来看看ST黑豹（600760）的走势。该股是1996年10月11日上市的一支老牌股，上市10多年来，DIFF线先后一共出现了

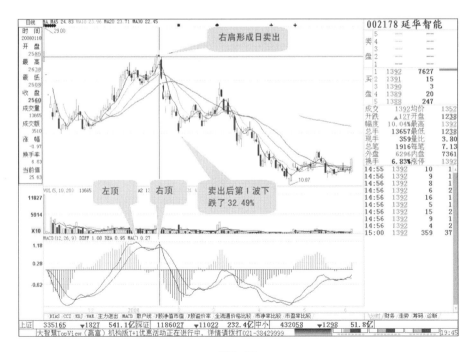

图3-15

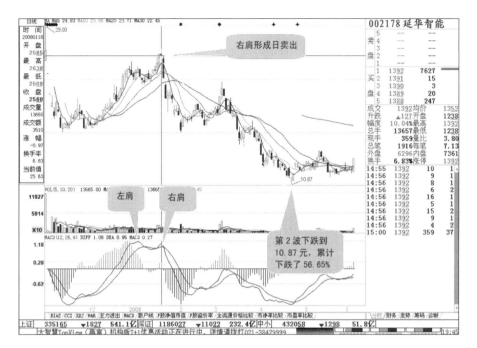

图3-16

4个符合条件的"M头"组合。

第一个M头的左顶出现在2001年3月8日，当日的DIFF线为0.16，相对应的股价为11.20元。右顶出现在2001年3月28日，当日的DIFF线为0.15，相对应的股价为11.41元。右顶出现后，该股阴跌了3个多月，股价由右顶出现日的11.41元下跌到2001年5月28日的10.10元，下跌了11.48%（见图3-17下右标注）。

第二个M头的左顶出现在2003年6月17日，当日的DIFF线为0.05，相对应的股价为5.87元。右顶出现在2003年6月3日，当日的DIFF线为0.08，相对应的股价为5.91元。右顶出现后，该股下跌了2个多月，股价由右顶出现日的5.91元下跌到2003年8月29日的4.78元，下跌了19.12%（见图3-18下右标注）

第三个M头和第四个M头分别出现在2008年1月21日和2008年3月12日，这两个M头出现后，股价分别下跌22.37%和47.47%（见图3-19和图3-20）。

恒生电子（600570）的走势也像上面两例一样，M头组合出

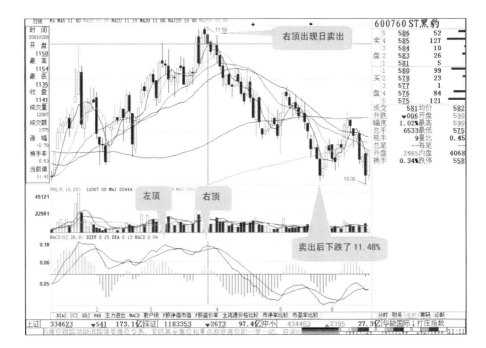

图3-17

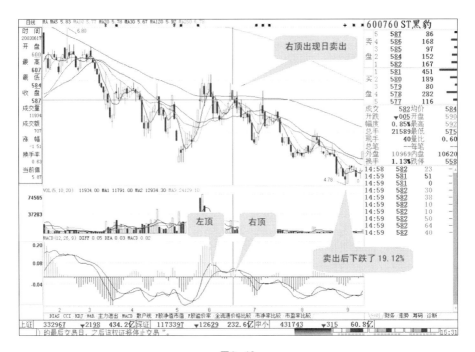

图3-18

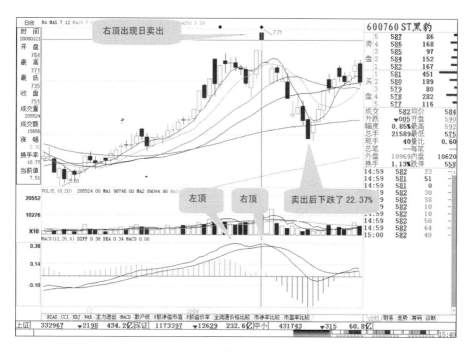

图3-19

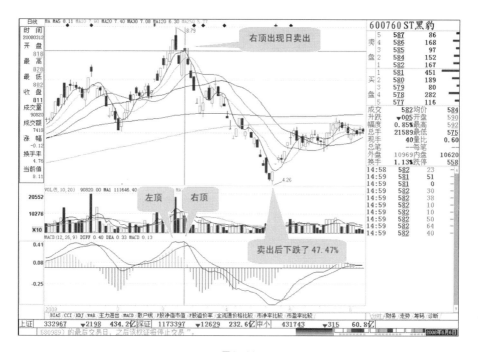

图3-20

现后，股价就大跌一段，没有在右顶处出逃的投资者都被套牢了。该股是2003年12月16日上市的一支电子类股票，上市4年多以来，先后出现了2个M头组合。

第一个M头的左顶出现在2004年9月24日，当日的DIFF线为0.30，相对应的股价为12.42元。右顶出现在2004年10月13日，当日的DIFF线为0.26，相对应的股价为12.63元。右顶出现后，下跌了一周，股价由右顶出现日的12.63元下跌到2004年10月22日的9.90元，下跌了21.61%（见图3-21下右标注）

第二个M头的左顶出现在2006年5月22日，当日的DIFF线为0.54，相对应的股价为7.75元。右顶出现在2006年5月31日，当日的DIFF线为0.59，相对应的股价为8.39元。右顶出现后，同样下跌了一周，股价由右顶出现日的8.39元下跌到2006年6月8日的5.47元，下跌了34.80%（见图3-22下右标注）。需要说明的是，在这个M头的下跌幅度中，含有近期10送4，派1.10元的红利在内，如果除去这一因素，那么实际下跌的幅度就不怎么大。但不管怎么

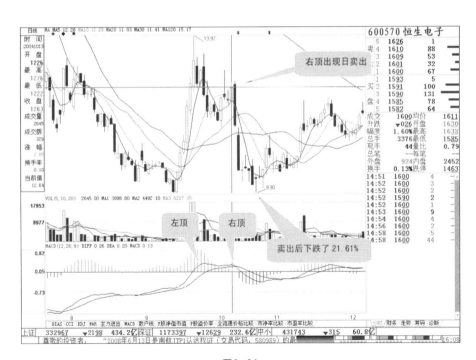

图3-21

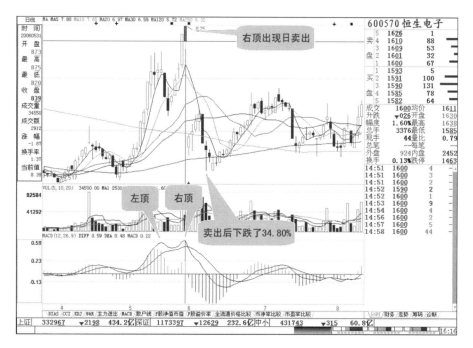

图3-22

样，M头右顶都是十分可信的见顶信号，应坚决卖出股票。

以上三例的走势表明，由DIFF线构成的"M头"组合是无庸置疑的做空信号，应大胆操作，千万不要失去这一难得的出货机会。

操作"M头"组合应注意的主要事项是选择最佳的出货时机。由DIFF线构成的M头组合有两处最佳的卖出点位，一处是右顶出现的当日，一处是右顶出现后的第二天。如果DIFF线的右顶与股价呈背离走势，即DIFF线的右顶低于前顶，而股价的右顶高于前顶时，应在当天或当时就卖出，千万不能拖延。如延华智能（002178）的DIFF线在2008年1月18日形成的右顶低于前顶0.01，而相对应的K线右顶则高于前顶1.03元，形成背离走势，这种形态的M头组合，就应在当天或当时卖出股票（见图3-15和图3-16）。

如果DIFF线的右顶与股价呈正比走势，即DIFF线的右顶低于前顶，股价的右顶也低于前顶，亦或DIFF线的右顶高于前顶，而股价的右顶也高于前顶时，则可在第二天卖出。如恒生电子（600570）的DIFF线在2004年10月13日形成的右顶低于前顶0.04，相对应的股价，也低于前顶1.29元，形成正比走势，则这种形态的M头组合就可以在第二天卖出。

因除权原因形成的M头组合，要视其当日的走势选择出货时间，如果当日收的是阳线，则应等到第二天再考虑出货，如果第二天继续收阳线，那么还应继续等待，直到收阴线时才可卖出。如恒生电子（600570）在2006年5月31日形成的M头组合就属于这种走势。该组合形成的第二天就碰上了除权，除权后，连收了4条阳线，股价上涨了14.16%，如果在除权后的第四天卖出股票，则至少能增加10%左右的收益。

第四节　W底组合

Section 4

"W底组合"，是指DIFF线下降到一定的低点后不再下行，而反弹上升，随后又重新下跌，在前面的低点附近再次拒绝下行，由此形成了一个如同英文字母W的形态，这种走势就称为W底。该组合应具备的特征是：

1.W底的左右两个低点应大体处在同一条水平线上，最好是右底比左底略高。

2.形成W底的两个底部低点时，DIFF线应处在DEA线的下方，两线均应为负值。

3.DIFF线构成的W底组合与K线的走势不完全同步，也就是说，DIFF线形成W底时，相对应的K线不一定会出现W底形态。

W底组合的应用法则是做多，右底出现日买入股票。

该组合做多的原理有：

一是W底形态多处在深跌后的低位，或调整行情结束的位置，后市一般会出现一波反弹走势，在W底右底出现日买进的股票获利十分稳当。

二是深跌后出现的W底组合，其右底低点在多数情况下，正好是K线下跌的最低点，此时买入则能买到较便宜的筹码。

三是W底是众多投资者公认的底部反转信号，该组合形成后，不少投资者会自觉或不自觉地在此建仓，股价也就会随着多头的不断介入而上升，如此一来，在W底的右底低点处买进股票的投资者就能坐收渔利。

下面以中核钛白（002145）、鄂武商（000501）和汇源通信（000586）等股票为例进行印证。

图3-23是中核钛白（002145）2007年10月23日-2008年6月6日的日线走势图，图中显示，该股在2008年4月上中旬走出了一个小巧玲珑的W底组合，该组合的左底出现在2008年4月3日，当日的DIFF线为-1.43，相对应的股价为10.45元（见图3-23下左标注）。右底出现在2008年4月22日，当日的DIFF线为-1.43，相对应的股价为8.70元（见图3-23下右标注）。右底出现后，该股就出现了一波强势反弹行情，股价由右底出现日的8.70元上升到2008年5月8日的

图3-23

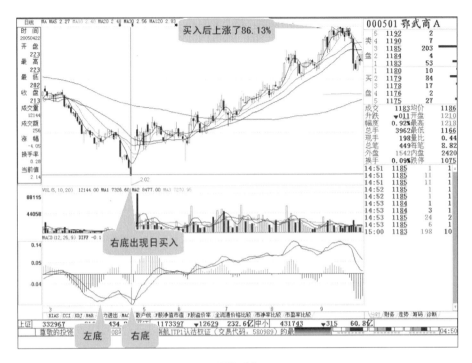

图3-24

11.81元，上涨了35.74%（见图3-23右上标注）。

图3-24是鄂武商（000501）2005年1月4日—2005年6月17日的日线走势图，图中显示，该股在2005年3月下旬—4月下旬的这段时间里走出了一个时间跨度近1个月的W底组合，该组合的左底出现在2005年3月31日，当日的DIFF线为-0.12，相对应的股价为2.50元（见图3-24下左标注）。右底出现在2005年4月22日，当日的DIFF线为-0.14，相对应的股价为2.02元（见图3-24下右标注）。右底出现后，该股就大涨了4个多月，股价由右底出现日的2.02元上升到2005年9月8日的3.76元，上涨了86.13%（见图3-24上标注）。

图3-25是汇源通信（000586）2008年1月15日—2008年6月6日的日线走势图，图中显示，该股在2008年4月中下旬走出了W底组合，该组合的左底出现在2008年4月3日，当日的DIFF线为-1.15，相对应的股价为7.33元（见图3-25下左标注）。右底出现在2008年4月23日，当日的DIFF线为-1.16，相对应的股价

为5.97元（见图3－25下右标注）。右底出现后，该股大涨了1个多月，股价由右底出现日的5.97元上升到2008年5月26日的10.39元，上涨了74.03%（见图3－25上标注）。

以上事实表明，由DIFF线构成的W底组合是非常可信的抄底信号，在右底附近做多能轻松取胜。但在具体操作时，也应小心谨慎，只有这样，才能稳妥获利。

1.W底组合的最佳买入点位，不是右底的低点出现日，而是右底出现后，DIFF线由下向上金叉了DEA线的当天或第二天。

为什么要等到金叉之后呢，这不是"买高不买低"吗？是的，在DIFF线金叉DEA线后买入，一般要比在W底组合的右底低点处买入的成本高出好多，就眼前来讲，好像吃了亏，但从风险的角度出发，这种"买高不买低"的法则，却正是常胜不败的奥秘所在。因为在W底组合形态确认之前，W底右底后面还会出现新的低点，此时买进则容易挨套，只有当DIFF线金叉了DEA线之后，才可确认W底的形成，金叉后买进的股票才能稳妥获利。所以应

图3－25

在金叉日或金叉后的第二天买入。

2.W底组合多为底部反转信号，买入股票后，持股的时间可相应放长一些，一般要求在两周以上，放它一年半载，甚至三年五年也未尝不可。如本节中的鄂武商（000501）的W底组合就是在2007年的大牛行情两年前出现的，当时的股价只有2元多一点，其后该股在2007年的大牛行情中上升到了20多元，翻了10倍，做长线的投资者一轮行情就赚得盆满钵满。像这样的股票当时相当多，随便找一找就可寻得，加上耐心持有，就能获得丰厚的收益。

第五节　三重顶组合

Section 5

"三重顶"，是指DIFF线在高位横向整理时，形成三个波峰高点（或四个峰顶）的一种走势。为了便于记忆，三重顶也好，四重顶也好，都统称为"三重顶"。该组合应具备的特征是：

1.三重顶的DIFF线各个顶部高点应大体处在同一水平线上，高点间的差距不能大于0.10。

2.构成三重顶的DIFF线和DEA线均应为正值，且每一峰顶高点出现时，DIFF线均应处在DEA线之上。

3.构成三重顶的DIFF线与K线的走势不同步，DIFF线形成明显的三重顶时，K线并不一定会出现三重顶，而只显示一顶比一顶高的三个波峰。

三重顶的应用法则是，第三顶出现日卖出股票。

该组合做空的原理是：格价上升到某一高度后，由于受到获利盘的抛压，价格就停止上升，并回档整理，前面的高点就成为一个顶部，与此同时的DIFF线也同样停止上升，进行整理，从而构成第一个顶部，其后又如此反复两次，DIFF线则形成高度大体处在同一水平线上的三个顶部，即构成"三重顶组合"。这表明上升无力，多头平仓，空头进场，行情转势，会出现一波力度相当大的下跌走势，所以"三重顶组合"是可信的多转空信号，应果断卖出股票。

下面以凤凰光学（600071）、*ST厦华（600870）、丽珠集团（000513）等股票为例，以此来剖析该组合的走势。

图3-26是凤凰光学（600071）2004年1月29日—2004年7月5日的日线走势图，图中显示，该股在2004年2月下旬—4月上旬期间走出了一个典型的"三重顶组合"。

该组合的第1顶出现在2004年3月4日，当日的DIFF线为0.45，DEA线为0.38，股价为7.41元。

第2顶出现在2004年3月24日，当日的DIFF线为0.46，DEA线为0.40，股价为8.16元。

第3顶出现在2004年4月5日，当日的DIFF线为0.43，DEA线为0.42，股价为8.54元。

"三重顶组合"出现后，股价就由第3顶出现日的8.54元下

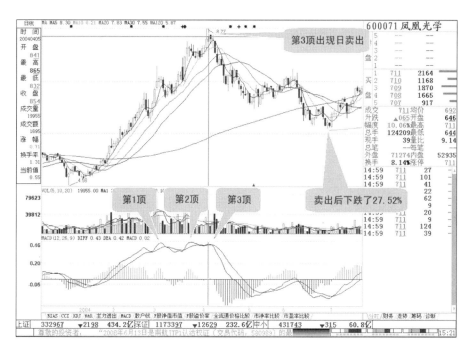

图3-26

跌到2004年6月30日的6.19元，下跌了27.52%（见图3-26下右标注）。由此说明"三重顶组合"是十分可信的做空信号，应大胆操作，千万不要失去这一难得的出货机会。

我们再来看看*ST厦华（600870）的走势。

图3-27是该股2007年10月26日到2008年6月6日的日线走势图，图中显示，该股在2008年1月上旬到3月上旬的这段时间里，也走出了一个"三重顶组合"。

该组合的第1顶出现在2008年1月7日，当日的DIFF线为0.32，DEA线为0.22，股价为7.14元。

第2顶出现在2008年2月25日，当日的DIFF线为0.29，DEA线为0.23，股价为7.98元。

第3顶出现在2008年3月6日，当日的DIFF线为0.29，DEA线为0.25，股价为8.20元。

"三重顶组合"出现后，股价就由第3顶出现日的8.20元下跌到2008年4月22日的3.68元，下跌了55.12%（见图3-27下右

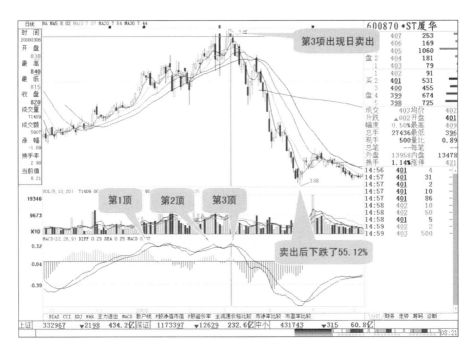

图3-27

标注）。

丽珠集团（000513）的走势也像上两例一样，三重顶组合出现后，给投资者提供了千载难逢的出货良机。

图3-28是该股1998年2月26日—1998年8月20日的日线走势图。从图中可以看出，该股在1998年4月中旬—5月下旬的这段时间里走出了一个"三重顶组合"。

该组合的第1顶出现在1998年4月23日，当日的DIFF线为0.45，DEA线为0.36，股价为8.75元。

第2顶和第3顶分别出现在1998年5月13日和5月28日，第2顶的DIFF线为0.50，DEA线为0.41，股价为9.58元。第3顶的DIFF线为0.54，DEA线为0.47，股价为10.32元。第3顶出现后，该股下跌了2个多月，股价由第3顶出现日的10.32元下跌到1998年8月18日的6.44元，下跌了37.59%（见图3-28下右标注）。

操作"三重顶组合"应注意的事项有：

1.操作"三重顶组合"要注意出货的最佳时机。"三重顶组

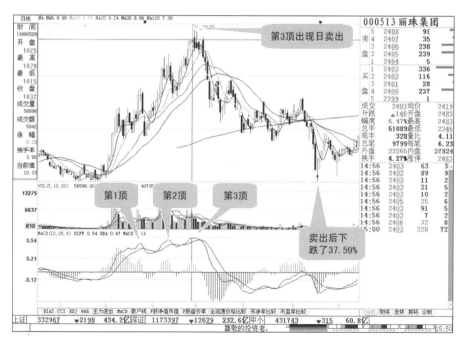

图3-28

合"有两处最佳卖点。第一处是第三顶出现日的当天或第二天，此时应卖出大部分筹码。第二处是DIFF线向下跌破DEA线的死叉日。此时应将手中的股票全部清仓。如图3-28中的丽珠集团（000513），在1998年5月28日形成的"三重顶组合"的第一处最佳卖点，就是第三顶出现日的10.32元价位（见图3-29右上1标注），第二处最佳卖点，是第三顶形成后，DIFF线死叉DEA线当日的9.84元处（见图3-29右上2标注）。第二处卖点特别重要，DIFF线死叉DEA线后，股价会出现一段较大的跌幅，如不能在此处出尽手中的筹码，那后面就难以逃命了。

2.三重顶可在不同的位置出现，我们只能做处在顶部高位或下降途中的三重顶形态，而处在低位和上升途中的三重顶则应慎重操作，因为处在低位或上升途中的三重顶形成后，下跌的空间有限，后市还会重续涨势，如若不分清红皂白地一律在第三顶处卖出，那就很容易遭受到踏空损失。

区分高位和低位的三重顶的办法是观察前段股价的升幅，在

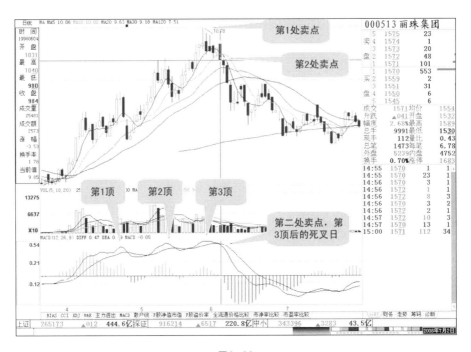

图3-29

股价上升了35%以上的位置出现的三重顶，就可按高位三重顶组合进行操作——卖出股票，否则就要继续观察。

第六节　三重底组合

Section 6

　　"三重底"与"三重顶"组合的图线和应用法则完全相反。股价经过一段深跌后，DIFF线在低位横盘波动形成三个波谷低点，由这三个低点组成的图形，就称为"三重底"。三重底组合应具备的特征是：

　　1.三重底的DIFF线各个底部低点应大体处在同一水平线上，低点之间的差距不能大于0.20。

　　2.构成多重底的DIFF线和DEA线均应为负值，且每一底部低点出现时，DIFF线均应处在DEA线之下。

　　3.三重底DIFF线的走势与K线的走势不同步，DIFF线形成三重底时，K线并不一定会出现三重底特征，而多半只显示一底比一底低的下跌状态。

　　三重底的应用法则是：最后一底出现时，应买入股票。

　　该组合做多的原理是：股价经过一段下跌和深跌之后，空头获利平仓，多头建立头寸，两股力量叠加，迫使股价反弹，形成第一个底部。反弹到一定的高度时，因产生了短线利润，故而需要落袋为安，多头平仓，反弹结束，价格也会随之下行。当DIFF线下移到先前的低点附近时，先前平仓的多头会再次进场做多，于是第二次将价格拉起，DIFF线也转势上升，形成第二个底部。其后，仍以同样的过程形成第三个底部。一般来讲，第三个底部出现后，投资者的心态便趋向稳定，多头不再轻易"割肉"，价格稳步向上攀升，当DIFF线向上穿过DEA线形成金叉时，投资者就会积极做多，由此就会转势为上涨行情，故三重底组合是可信的底部反转信号，可以放心买入。

下面以冀东水泥（000401）、楚天高速（600035）、华能国际（600011）和西南合成（000788）等股票为例，分析三重底组合做多的有效性。

图3-30是冀东水泥（000401）2007年12月25日－2008年6月6日的日线走势图。从图中可看出，该股在2008年3月中旬－4月下旬期间，走出了一个"三重底"组合。

该组合的第一底出现在2008年3月20日，DIFF线为-1.25，DEA线为-0.71，股价为18.25元。

第二底出现在2008年4月3日，DIFF线为-1.38，DEA线为-1.18，股价为16.41元。

第三底出现在2008年4月22日，DIFF线为-1.25，DEA线为-1.09，股价为14.17元。第三底形成后，该股大涨了20多天，股价由第三底出现日的14.17元上升到2008年5月14日的20.55元，上涨了45.02%（见图3-30上标注）。

楚天高速（600035）在2008年3月中旬—4月下旬期间走出的

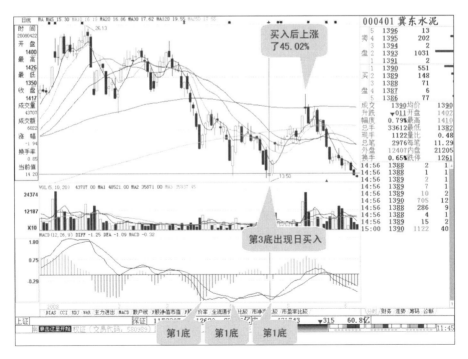

图3-30

"三重底组合"，几乎与冀东水泥（000401）三重底形成的时间相同。

第一底出现在2008年3月20日，DIFF线为-0.34，DEA线为-0.21，股价为6.96元。

第二底出现在2008年4月3日，DIFF线为-0.38，DEA线为-0.32，股价为6.34元。

第三底出现在2008年4月22日，DIFF线为-0.38，DEA线为-0.34，股价为5.83元。第三底形成后，该股涨了一个多星期，股价由第三底出现日的5.83元上升到2008年5月5日的6.86元，上涨了17.66%（见图3-31右上标注）。

下面我们再来分析华能国际（600011）和西南合成（000788）这两支股票的走势。

图3-32是华能国际（600011）2007年10月26日-2008年6月6日的日线走势图。图中显示，该股"三重底组合"的第1底出现在2008年3月2日，当日的DIFF线为-0.85，DEA线为-0.68，股价

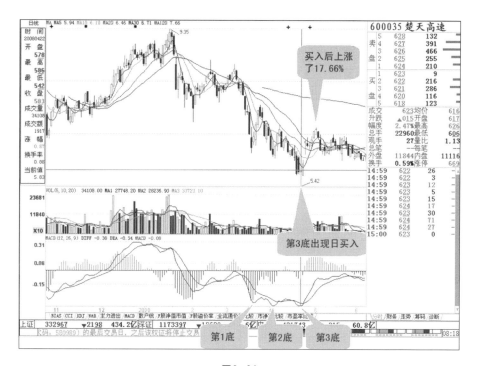

图3-31

为9.63元。

第2底出现在2008年4月2日，当日的DIFF线为−0.80，DEA线为−0.75，股价为8.46元。

第3底出现在2008年4月21日，当日的DIFF线为−0.86，DEA线为−0.73，股价为6.95元。

西南合成（000788）"三重底组合"的第1底出现在2003年3月26日，DIFF线为−0.11，DEA线为−0.09，股价为5.95元。

第2底出现在2003年4月11日，DIFF线为−0.10，DEA线为−0.07，股价为5.74元。

第3底出现在2003年5月21日，DIFF线为−0.10，DEA线为−0.08，股价为5.66元。

"三重底"组合形成后，股价就由第3底出现日的5.66元上升到2003年6月25日的7.46元，上涨了31.80%（见图3−33上标注）。

以上股票的走势表明，三重底组合是相当可信的抄底信号，

图3−32

可以放心做多。

操作三重底组合应注意的事项有：

1.操作三重底组合应注意该组合所处的位置。三重底组合可在顶部、底部、上升途中和下降途中等位置出现，只有处在底部低位的三重底组合，才是可信的做多信号，而处在其他位置的三重底组合，则应避免介入。因为处在其他位置的三重底组合上升的幅度有限，而下跌的空间则较大，风险难以控制，一般投资者容易挨套。

2.操作三重底组合，应注意第三底出现后的回档走势。三重底组合形成后，有不少股票会回档，即第三底之后，股价略经反弹，又跌回到接近第三底的低点价位，这是对三重底的确认，是多头第二次进货的好机会，仓位不重的投资者可在此处补仓，后市获利十分可靠。如图3-34中的西南合成（000788），第三底出现后，仅反弹了7个交易日，就回档了5天，跌回到5.62元处，离第三底的低点价5.66元只相差0.04元，在此处补仓，成本低，风

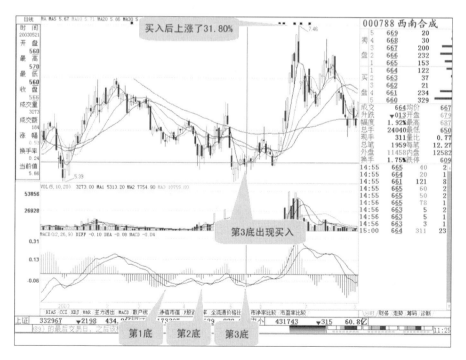

图3-33

险小，几乎是零风险的进货点位（见图3-34）。

3.操作三重底组合要注意防止破位下跌的走势。在个别情况下，第三底出现后，有时会出现意料不到的破位下跌，进而给投资者造成不应有的损失。为了防止这种"意外"，在第三底附近买进股票后，就要即时设置好止损点，股价（要求是盘价）一旦跌破止损价位，就应坚决退出，以免损失扩大。当然，没有跌破止损价位，就要耐心持股，等待有利于自己的行情到来。

所谓实战应用，就是指利用指数平滑异同移动平均线（MACD）指标中的DIFF线与DEA线的组合形态，分析股票后市是涨是跌还是盘整，并找出"涨"、"跌"、"盘"的依据。

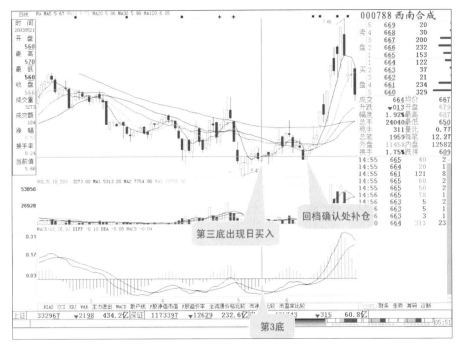

图3-34

第四章

Chapter4

实战应用

实战应用对投资者来说非常重要，如果能够八九不离十地判断出盘面的走势，那么你就能在瞬息万变的股市上立于不败之地。不会观盘的人，不用说，要想在股市上赚钱，那就相当困难了，所以凡是想在股市上有所作为的投资者，都要千方百计地学会观盘这门技术。本章就是通过对15支随机选取的股票进行盘面分析，传授观盘技术，其中不少的观盘经验，是值得读者借鉴的。下面就对北京城乡（600861）、友好集团（600778）、上海物贸（600822）等15支股票的后市走势逐一进行判断。

实战应用1——北京城乡

Exercise 1

北京城乡（600861），1994年5月20日上市，总股本31680.49万股，流通股20697.34万股，历史最高价为2008年1月14日的19.80元，历史最低价为2005年7月19日的3.40元。主营商品零售批发、公共饮食业、物资供销业、仓储服务业，群众文化服务业等。

图4-1是该股2008年5月7日的日线收市图。从图中可以看出，该股已强劲反弹了一个多星期，短线升幅相当大，同时出现了短线见顶迹象，后市会进行调整，目前应卖出股票，待调整到位后，再考虑买回。判断该股下跌的依据是：

一是依据上升行情中的"三离三靠"形态，判断该股还会继续下跌。上升行情中的"三离三靠"的应用法则是"离卖，靠买"。该股DIFF线的第1离出现在2008年5月6日，刚过去一日，是短线卖出的最佳点位，卖出后，正好避开了随之而来的靠拢下降波段，当第1靠确认完成时，就可以在第一靠的确认处买回（见图4-2）。

二是依据处在高位的"大阳大阴搓揉"走势，判断该股还有一跌。所谓高位"大阳大阴搓揉"走势，就是指股价上升到高位后，第一天收了一条大阳线，第二天则收下一条大阴线，一阳一阴，大幅波动，这一走势谓之搓揉。高位搓揉线是典型的见顶信号，该形态出现后，股价多有一跌，应卖出股票（见图4-3）。

该股的后市走势印证了这一分析，自卖出判断作出后，虽然该股反收了三条小阳线，但没有创出判断前一日的新高，而且很快就转入了跌势，急跌了一个多星期，股价由2008年5月7日判断日的15.17元下跌到2008年5月27日的13.40元，下跌了11.16%（见图4-2下右标注）。

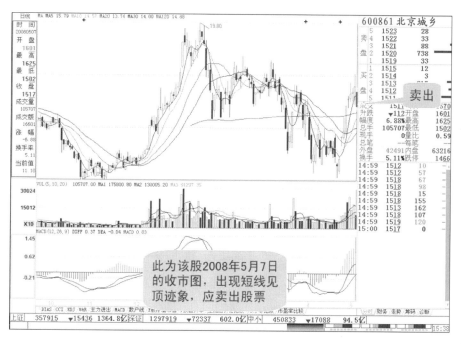

图4-1

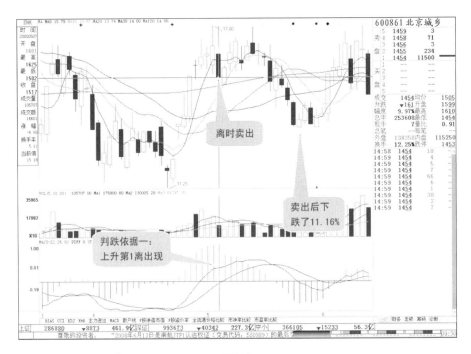

图4-2

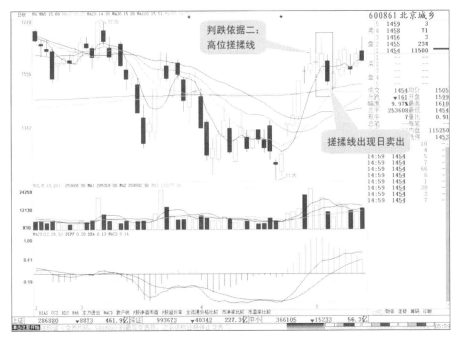

图4-3

实战应用2——友好集团

Exercise 2

友好集团（600778），曾用名新疆友好，1996年12月13日上市，总股本31149.14万股，流通股26309.98万股，历史最高价为2000年7月13日的19.47元，历史最低价为2005年7月18日的2.07元。主营保健食品及其他食品的销售、普通货物运输、仓储股务、装饰工程施工和其他商业服务等。

图4-4是该股2008年5月8日的日线收市图。从图中可以看出，该股总的趋势仍处在下降通道里，但下跌的幅度已相当大，故而继续下跌的空间有限，加上近期走势转强，套牢盘没有必要割肉，应耐心持股，等待新一轮上涨行情的到来。目前的操作原则是，积极参与做波段，即股价调整到低位时做多，反弹到一定的高度时出货，逐步摊低成本，最终达到解套的目的。

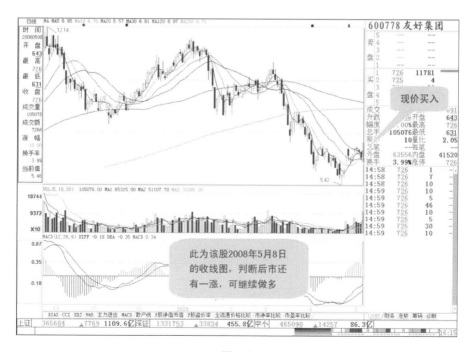

图4-4

判断该股短线可做多的依据有以下三点：

一是依据K线图中的"上升三法"形态判断该股还有一涨。所谓上升三法，就是指在上升的过程中，出现一条大阳线，将前面连续出现的三条下降的小阴线从上至下包容起来的一种走势。该股2008年5月8日收的一条大阳线与前面三条小阴线构成的图形，就是典型的"上升三法"形态（见图4-5），该形态是短线中途买入的一次难得机会，做多后，至少可获得5%以上的收益。

二是依据DIFF线的"三离三靠"走势判断该股可继续做多。DIFF线的"三离三靠"已走到第2靠的位置，后市还有第三离的上升空间，根据三离三靠的上升规律，第二靠上升到第三离的最高点时，一般与第一靠到第二离的最高点的距离大体相当。该股DIFF线的第一靠出现在2008年4月28日，相对应的股价为6.55元，第二离出现在2008年5月5日，相对应的股价为7.01元，第一靠与第二离之间的距离为0.46元，即该股后市应有0.46元左右的上升空间，即该股短线可上升到7.72元附近，在目前的7.26元价

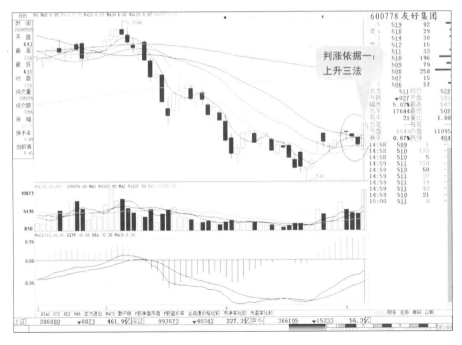

图4-5

位买入，可获利7%左右，短线收益可观，所以目前仍可做多（见图4-6）。

三是依据"白龙欲出水"的走势判断该股还有一涨。2008年5月8日（判断日），该股的DIFF线处在-0.18的位置，离零轴线至少还有三天以上的上涨时间，也就是说，股价至少还要上涨三天，短线收益较有保障（见图4-7下标注）。

该股的后市走势印证了以上的分析，判断后，该股收了4条小阳线，股价由2008年5月8日（判断日）的7.26元，上升到2008年5月13日的7.84元，上涨了8.40%，与判断的升幅基本一致（见图4-8上右标注）。

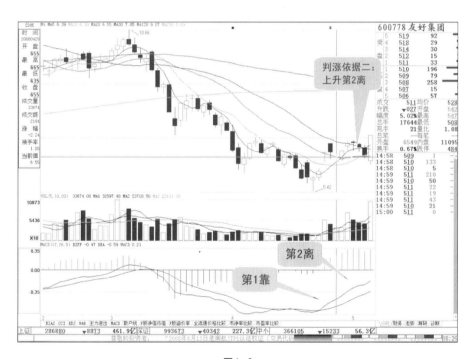

图4-6

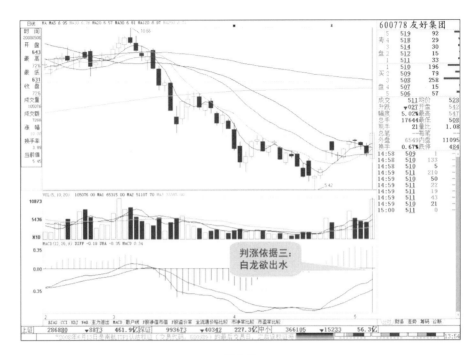

图4-7

图4-8

实战应用3——上海物贸

Exercise 3

上海物贸（600822），曾用名物贸中心，1994年2月4日上市，总股本25272.03万股，流通股7064.45万股，历史最高价为1994年2月28日的24.00元，历史最低价为2005年7月12日的4.95元。主营金属材料、化工原料、建材、木材、汽车及配件，机电设备、燃料、五金交电、针纺织品、进出口贸易，仓储、信息咨询及技术服务等。

图4-9是该股2008年5月8日的日线收市图。从图中可以看出，该股走势转强，还有上升空间，仍可现价做多。判断该股还有一涨的依据有：

一是依据上升行情中DIFF线第2次靠拢DEA线的走势判断该股还有一涨。上升行情中，DIFF线第1次靠拢和第2次靠笼DEA线时，均是可信的买入信号。判断日，该股的DIFF线处在"第2靠"

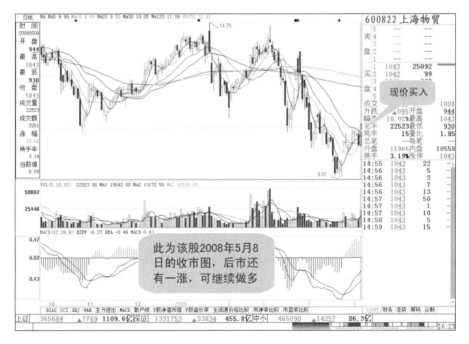

图4-9

后的第二天，即为"第三离"的第一天，完成第三离的走势，通常需要四五天时间，也就是说，该股还有四五天的上涨行情，在判断日做多，短线获利十分可靠（见图4-10上标注）。

二是依据K线图中"放量向上突破平台"的走势，判断该股还有一涨。放量向上突破平台，是指判断日这天股价放量上涨，收盘价超过前面横盘时形成的平台的最高价的一种走势。判断日，该股的成交量为225.23万股，较前一日的106.27万股增加了118.96万股，增幅达111.94%，成交量明显放大。在成交量放大的当天，该股收了一条大阳线，收盘价为10.43元，超出前期平台的高点10.19元0.24元，由此构成了"放量向上突破平台"形态。该形态是相当可信的做多信号，所以判断该股后市还有一涨。在目前价位买入，能有把握获利（见图4-11上右标注）。

该股的后市走势印证了以上的分析，判断后，该股上涨了20多天，股价由2008年5月8日（判断日）的10.43元上升到2008年5月29日的11.95元，上涨了14.57%（见图4-12上右标注）。

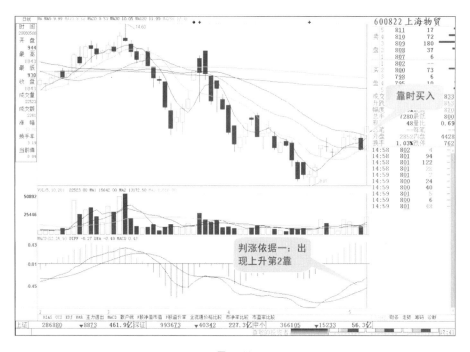

图4-10

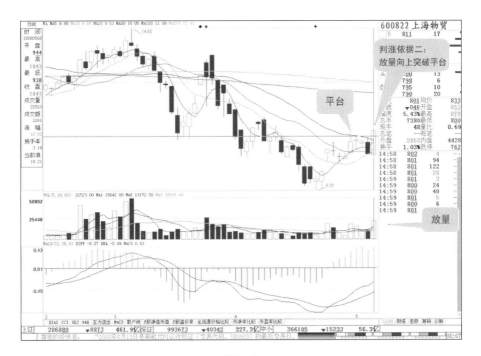

图4-11

图4-12

实战应用4——智光电气

Exercise 4

　　智光电气（002169），2007年9月19日上市，总股本8289.60万股，流通股2160.00万股，历史最高价为2007年9月19日的42.00元，历史最低价为2008年6月4日的13.75元。主营电网安全与控制设备，电机控制与节能设备，供用电控制与自动化设备及电力信息化系统研发、设计、生产和销售等业务。

　　图4-13是该股2008年5月9日的日线收市图。从图中可以看出，该股近期走势强劲，股价从2008年4月23日的15.20元上涨到2008年5月9日（判断日）的19.64元，上涨了29.21%，判断日又放出了换手率达11.59%的大成交量，超买严重，后市会出现调整行情，目前应减仓操作。判断该股要调整的依据是：

　　一是依据K线图中出现的"高位巨量长阳"走势判断该股即

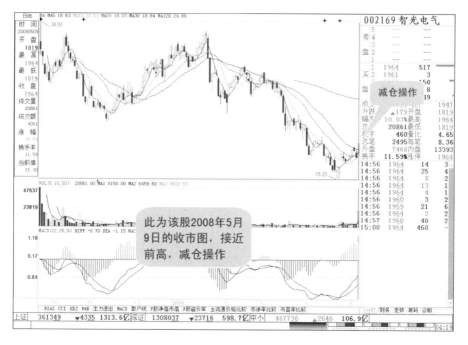

图4-13

将见顶回落。所谓"高位巨量长阳"，是指股价上升到一定的高度后，某日突然放出了比前一日大得多的成交量，且在放量日收出大阳线，这种股价处在高位放大量同时又收大阳线的走势，故而称为"高位巨量长阳"。该形态出现后，股价多有一跌，故应卖出股票。2008年5月9日（判断日），该股的成交量由前一日的42.28万股增加到208.61万股，增加了166.33万股，增幅达393.40%，构成了典型的"巨量长阳"形态（见图4-14右标注）。该形态的出现，使人不得不产生庄家拉高出货的嫌疑，如要保住到手的收益不被倒出，那就应跟着庄家出货。

二是依据上升行情中DIFF线"三离见顶"的走势判断该股要转势下行，故应卖出股票。在一轮上升行情中，DIFF线一般要出现3次离开DEA线的走势，当第三离出现时，股价就会停止上涨，并进行调整。该股DIFF线的第一离和第二离早已出现，第三离也接近完成，所以应卖出股票（见图4-15上下标注）。

该股的后市走势印证了以上的分析，判断后，该股仅收了

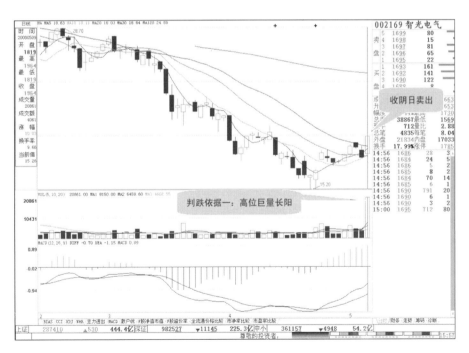

图4-14

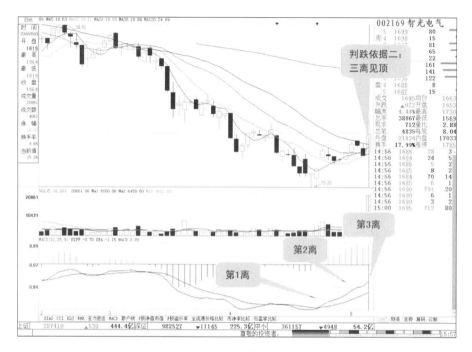

图4-15

图4-16

一条阳线就转势下行，股价由2008年5月9日（判断日）的19.64元下跌到2008年6月4日的13.75元，下跌了29.98%（见图4-16下标注）。

实战应用5——中兵光电

Exercise 5

中兵光电（600435），曾用名北方天鸟。2003年7月4日上市，总股本9508.47万股，流通股1440.00万股，历史最高价为2008年6月3日的24.90元，历史最低价为2005年7月19日的4.22元。主营纺织服装业自动化成套设备及零配件、电子计算机硬件及外部设备、机电一体化产品的技术开发、技术服务、制造、销售；网络技术开发、技术服务；公司和成员公司生产所需的原辅

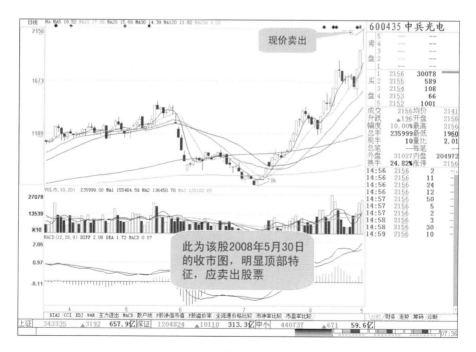

图4-17

材料、仪器仪表、机械设备、零配件及技术的进出口业务，经营
进料加工和"三来一补"业务及普通货物运输等。

图4-17是该股2008年5月30日的日线收市图。从图中可以看
出，该股近期走势十分强劲，连续大涨了三波，股价由2008年4月
23日的7.06元上涨到判断日的21.56元，上涨了205.38%，升幅大
得惊人，随时会出现下调走势，目前应卖出股票，依据"卖跌不
卖涨"的原则，可在第二天择一高点出货。判断该股要转势下跌
的依据有：

一是依据上升行情中DIFF线"三离见顶"的规律判断该股要
转势下行。在通常情况下，一轮上升行情中的DIFF线一般只出现
3次离开走势，当第三离形成时，股价就会停止上涨。该股DIFF
线的第一离和第二离分别出现在2007年7月27日和8月14日，第三
离也运行了三天，要不了几天就会达到顶点，所以应在判断日卖
出一部分股票，并在其后的两三天内彻底清仓离场（见图4-18上
标注）。

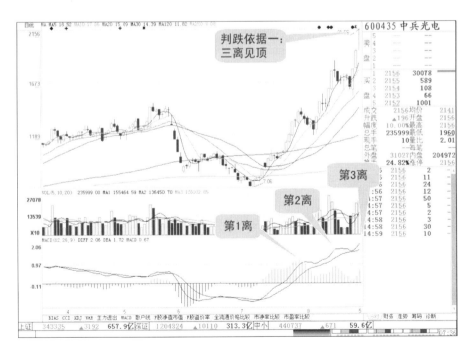

图4-18

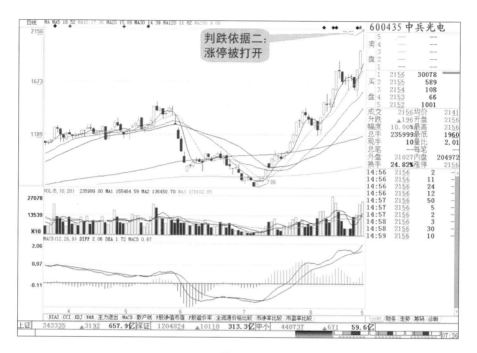

图4-19

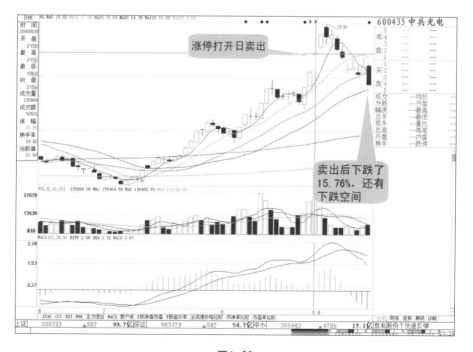

图4-20

二是依据"涨停打开，打开又涨停"的走势（见图4-21判断日走势），判断该股即将见顶回落。"涨停打开，打开又涨停"，是股价走势不稳定的一种状态，也可以说是庄家以涨停为掩护派发筹码。派发时，因出多进少，散户接纳不了，故而股价下跌，涨停就被打开。但涨停被打开后，对庄家出货是不利的，为了能正常出货，在涨停被打开时，庄家就会加大进量，减少出量，让股价重新封在涨停板上。以后再如法泡制，所以就出现了"涨停打开，打开又涨停"的走势。经验证明，这种走势出现后，一般在两三天内就会结束升势，然后进行调整，而且调整的幅度一般较大，所以在涨停被打开时，应卖出股票（见图4-19上标注）。

该股的后市走势印证了以上的分析，判断后，该股仅上涨了一天就转势收阴，股价由2008年5月30日（判断日）的21.56元下跌到2008年6月16日的18.16元，下跌了15.76%（见图4-20下标注）。该股还有下跌空间，应继续做空。

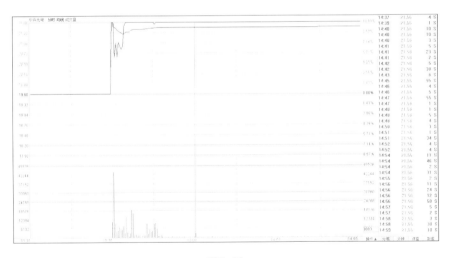

图4-21

实战应用6——宏达经编

Exercise 6

宏达经编（002144），2008年6月17日上市，总股本10733.88万股，流通股2700.00万股，历史最高价为2007年8月3日的35.97元，历史最低价为2008年4月22日的11.00元。主营经编面料的织造、染整和销售。

图4-22是该股2008年6月6日的日线收市图。从图中可以看出，该股近期触底后强劲反弹，技术指标均已修好，后市还会继续上涨，目前仍可做多。判断该股还会继续上涨的依据有：

一是依据"DIFF线金叉DEA线与MACD柱线由绿变红"组合判断该股还有一涨，可现价买入。2008年6月6日（判断日），该股的DIFF线为-0.49，DEA线为-0.47，DIFF线下一日就可超越DEA线实现金叉，同日的MACD柱线已缩短到-0.04，下一日就

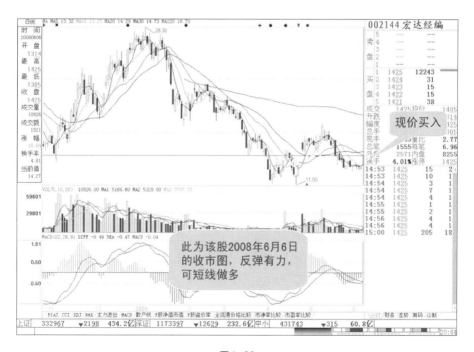

图4-22

可上升到零轴线上方，实现由绿变红的转化。这两种图线，虽然还差一天才能构成"DIFF线金叉DEA线与MACD柱线由绿变红"组合，但从趋势上看却是一定能够实现的，所以可判断该股还有一涨，现价介入做多，能稳妥获利（见图4-23下标注）。

二是依据K线"炉架底"的走势判断该股还有一涨。所谓"炉架底"，就是指股价跌到低位后，出现了一段横盘走势，形成平底形态，平底的左边为大阴线，平底的右边为大阳线，这种走势就称为"炉架底"（见图4-24下标注）。该组合是十分可信的见底信号，据此操作，获利相当可靠。所以判断该股还有一涨，可短线做多。

该股的后市走势印证了以上的分析，判断后，又继续上涨了一个多星期，股价由2008年6月6日（判断日）的14.25元，上升到2008年6月17日的16.30元，上涨了14.38%（见图4-25上标注）。

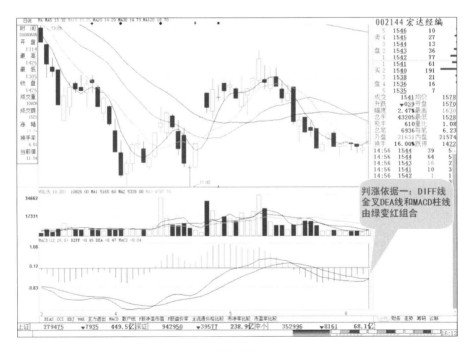

图4-23

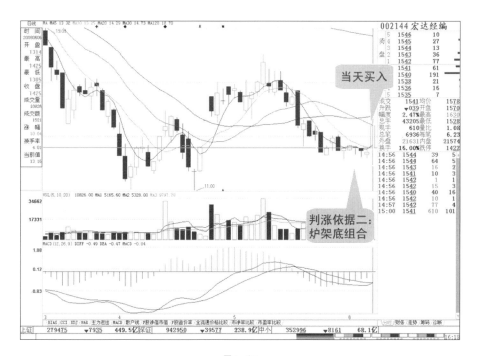

图4-24

图4-25

实战应用7——山推股份

Exercise 7

山推股份（000680），1997年1月22日上市，总股本75916.45万股，流通股59765.72万股，历史最高价为2007年9月6日的22.99元，历史最低价为2005年7月18日的1.84元。主营建筑工程机械、矿山机械、拖拉机、农田基本建设机械、收获机械及配件的研究、开发、制造、销售、维修及技术咨询服务等。

图4-26是该股2008年6月6日的收市图。从图中可以看出该股近期跌势加大，机构出货坚决，后市还会继续下跌，目前仍应卖出。

判断该股还有一跌的依据有：

一是依据"白龙入水"形态判断该股还有一跌，应卖出股票。2008年6月6日（判断日），该股的DIFF线为-0.04，跌破了零轴线，形成白龙入水组合（见图4-27下标注）。"白龙入水"

图4-26

组合是非常可信的继续下跌信号，该组合出现后，股价多会继续下跌一段，所以应在白龙入水日继续卖出股票。

二是依据K线图中"跌破支撑"的走势判断该股还有一跌。所谓"跌破支撑"，就是指股价跌破了前期某一高点价位的一种走势。该股的前期高点出现在2008年4月11日，高点价位为14.06元（见图4-28左上标注），2008年6月6日的最低价为14.10元，跌破前高0.11元（见图4-28右标注），股价跌破支撑后，会出现一波较大的下跌行情，其跌幅与破位前的跌幅相当。该股破位前下跌了3.14元（由2008年5月15日的17.24元下跌到2008年6月6日的14.10元），由此推算，该股后市要下跌到10.96元附近。

该股的后市走势印证了以上的分析，判断后，该股又继续下跌了6个交易日，股价由2008年6月6日（判断日）的14.10元下跌到2008年6月17日的11.80元，下跌了16.31%，与判断的10.96元只相差0.84元，基本接近。该股还有下跌空间，实现预测的下跌点位应没有多大问题（见图4-29右下标注）。

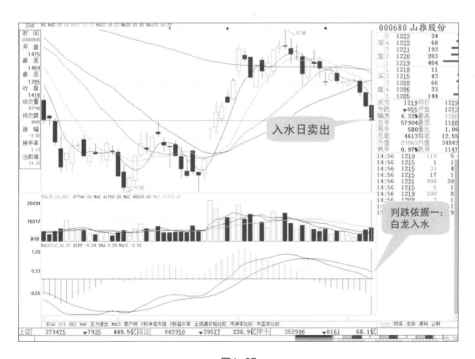

图4-27

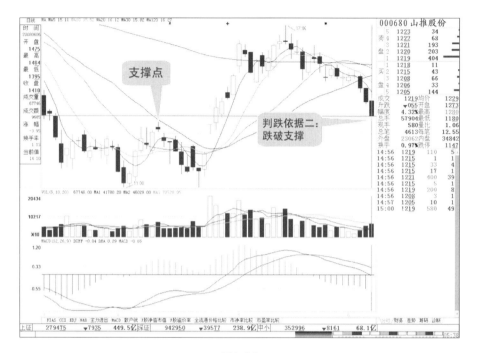

图4-28

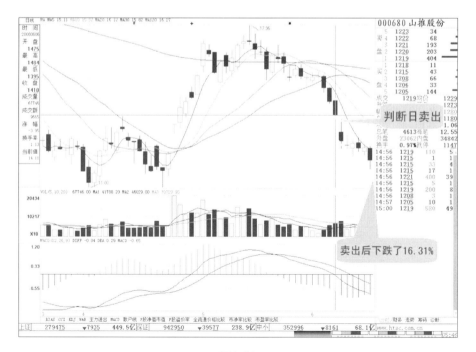

图4-29

实战应用8——上海新梅

Exercise 8

上海新梅（600732），曾用名上海港机。1996年7月22日上市，总股本24799.06万股，流通股10533.44万股，历史最高价为2000年8月14日的23.50元，历史最低价为2005年12月5日的3.13元。主营房地产开发与经营、物业管理、建筑装潢、实业投资、资产经营、国内贸易等。

图4-30是该股2008年6月11日的收市图。从图中可以看出，该股近期走势变强，反弹幅度超过一般股票，仍有上升空间，可继续做多。

判断该股还有一涨的依据有：

一是依据"白龙出水"形态判断该股还有一涨。2008年6月11日（判断日），该股的DIFF线为0.01，由零轴线的下方上升

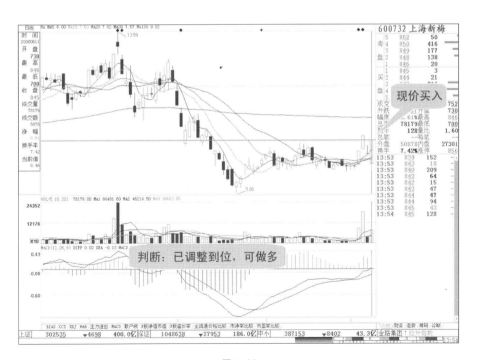

图4-30

到了零轴线的上方，"白龙出水"了（见图4-31下标注）。"白龙出水"是非常可信的继续上涨信号，据此买入股票，成功的把握很大。

二是依据处在低位的"抱线"形态判断该股还有一涨。所谓"处在低位的抱线"，是指股价在较低的价位出现的一条大阳线，将前一条或多条较小的图线上下包容起来的一种走势。该股2008年6月11日（判断日）收了一条最高价为8.50元、最低价为7.00元的涨停大阳线，将前一条最高价为8.20元、最低价为7.78元的灵位小阴线上下包容，形成了低位阳抱线，显示强烈的继续上涨信号，可以放心买入（见图4-32）。

该股的后市走势印证了以上的分析，判断后的第二天，该股就收了一条几近涨停的阳线，股价由判断日的8.29元上升到2008年6月12日的9.04元，上涨了9.04%（见图4-33上右标注）。

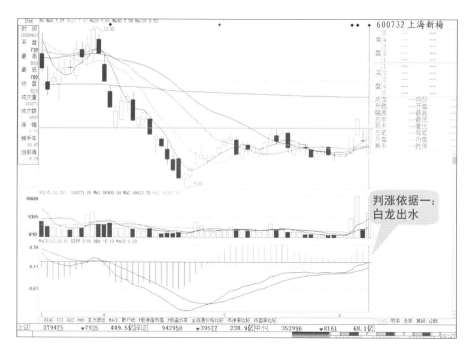

图4-31

图4-32

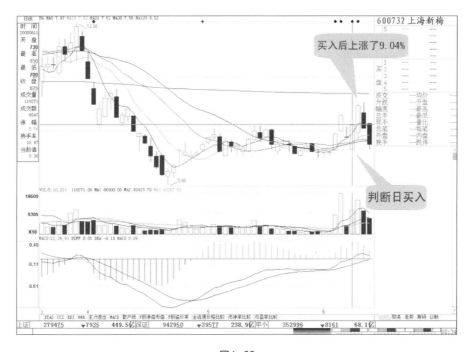

图4-33

实战应用9——中核钛白

Exercise 9

中核钛白（002145），2007年8月3日上市，总股本19000.00万股，流通股6000.00万股，历史最高价为2007年8月7日的35.77元，历史最低价为2008年4月22日的8.15元。主营钛白粉产品的生产、销售及服务。主要产品为金红石型钛白粉、锐钛型钛白粉系列产品。

图4-34是该股2008年6月12日的收市图。从图中可以看出，该股近期走出一波强势反弹行情，成交量大幅增加，虽有一定的升幅，但仍可做多。

判断该股还有一涨的依据有：

一是依据"白龙出水"的走势判断该股还有一涨。2008年6月12日，该股的DIFF线为-0.00，表明该线已由零轴线的下方上

图4-34

升到了零轴线，龙头露出了水面，第二天，龙的身体就可以出水了。前面讲过，"白龙出水"形态是非常可信的做多信号，据此操作，每次都能获得成功。该股的"白龙"既然"出水"了，那就应放心买入（见图4-35下标注）。

二是依据"量增价升"的形态判断该股还有一涨。所谓"量增价升"，就是指股价跌到低位后，在成交量不断放大的同时，股价也随着成交量的增加而不断上升，这种走势就称为"量增价升"。该股"量增价升"形态出现在2008年6月5日—6月12日（判断日）。具体情况是：成交量由2008年6月5日的58.00万股，增加到6月12日的667.83万股，增加了609.83万股，日均增加了150.45万股。与此同时，股价也由2008年6月5日的9.19元上升到6月12日的10.98元，上涨了1.79元，日均上涨0.45元（见图4-36下标注）。"量增价升"组合是相当可信的底部反转信号，该形态出现后，股价至少还有10%以上的升幅。

该股的后市走势印证了以上的分析，判断后，该股大涨了两

图4-35

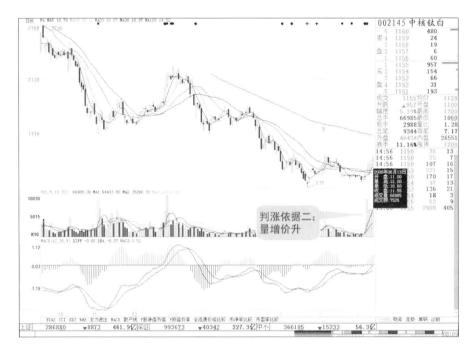

图4-36

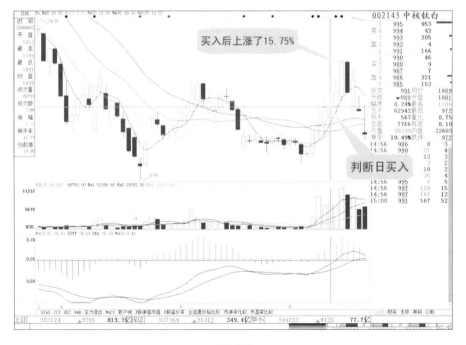

图4-37

天，股价由2008年6月5日（判断日）的10.98元上升到6月12日的12.71元，上涨了15.75%（见图4-37右上标注）。

实战应用10——鲁润股份

Exercise 10

鲁润股份（600157），1998年5月13日上市，总股本25566.92万股，流通股11726.53万股，历史最高价为2000年2月21日的37.50元，历史最低价为2005年7月19日的3.10元。主营成品油经营、润滑油生产与销售、房地产开发及金矿开采、装饰装潢、水泥生产销售等。

图4-38是该股2008年6月13日的收市图。从图中可以看出，该股近日虽然出现了强劲的反弹行情，但仅仅只是反弹而已，反弹

图4-38

过后，还会延续跌势，持有该股的投资者仍应继续减仓操作，趁反弹之机卖出股票。判断该股还会继续下跌的依据有：

一是依据下降行情中DIFF线"三离三靠"的走势判断该股还有一跌。该股DIFF线目前只走完了三离三靠中的前两离两靠，还有第三离第三靠待走。经验告诉我们，下降行情中的第二离和第二靠离第三离和第三靠还有一段较大的下跌空间，也就是说，当第三离和第三靠走完时，股价还要继续下跌一段，现在卖出，可减少一部分损失（见图4-39下标注）。

二是依据"下降空跳三法"形态判断该股还有一跌。所谓"下降空跳三法"，就是指股价在下降途中，先是出现向下空跳的走势，随后向上高开高走，收出一条大阳线，但这条大阳线仅仅是下降途中一次短暂的上升调整，其后，股价有可能将会进一步下跌，故而投资者应趁反弹之机卖出股票。

该股的后市走势印证了以上的分析，判断后的第二天，该股就转势收阴，接着一路下跌了20多天，股价由2008年6月13日（判

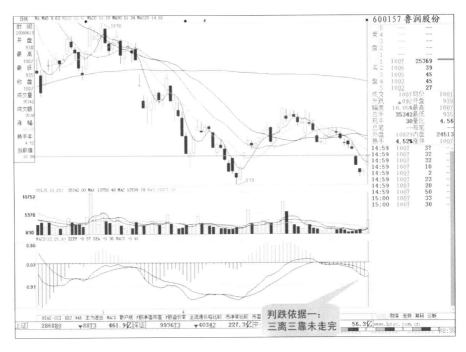

图4-39

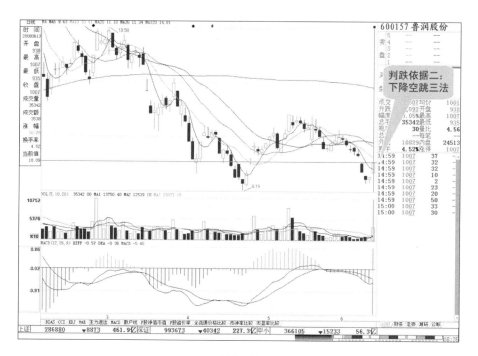

图4-40

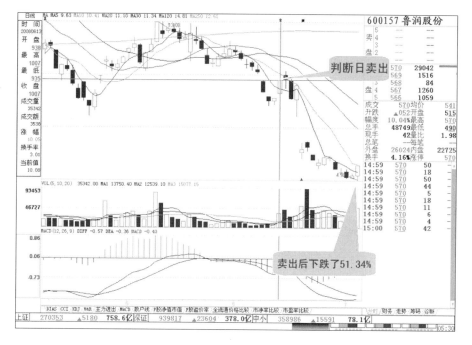

图4-41

断日）的10.07元下跌到2008年7月3日的4.90元，下跌了51.34%
（见图4-41下右标注）。

实战应用11——世博股份

Exercise 11

　　世博股份（002059），2006年8月10日上市，总股本21500.00
万股，流通股5500.00万股，历史最高价为2008年3月21日的14.20
元，历史最低价为2006年8月21日的6.60元。主营景区景点投资、
经营及管理，园林园艺产品展示，旅游房地产投资，生物产品开
发及利用，旅游商贸等。

　　图4-42是该股2008年6月13日的收市图。从图中可以看出，该
股近日出现了破位下行的走势，后市面临一波较大的下跌行情，

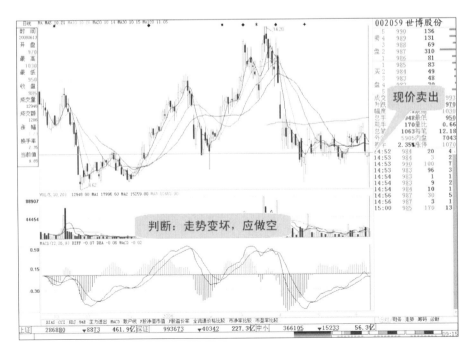

图4-42

应卖出股票，以规避下跌风险。判断该股下跌的依据有：

一是依据"跌破前低"的走势判断该股还会继续下跌。该股的前低出现在2008年5月21日，低点价位为9.43元，2008年6月11日（判断的前两日），该股的最低价跌到了9.40元，跌破了前低0.03元，形成破位之势，这是后市走势的一种不祥之兆，股价跌破前低后，多会出现一波较大的跌势，如不及时回避，就会遭到重大的损失（见图4-43下标注）。

二是依据DIFF线向下死叉DEA线的走势判断该股会下跌。2008年6月13日（判断日），该股的DIFF线为-0.07，DEA线为-0.06，DIFF线跌破了DEA线-0.01，形成"死叉"。在下降行情中，DIFF线死叉DEA线是相当可信的下跌信号，该形态出现后，股价多有一跌，且跌幅一般较大，如不及时卖出，则挨套的可能性极大（见图4-44下标注）。

该股的后市走势印证了以上的分析，判断后，该股就大跌了一个多星期，股价由2008年6月13日（判断日）的9.85元下跌到2008年6月20日的7.71元，下跌了21.72%（见图4-45下标注）。

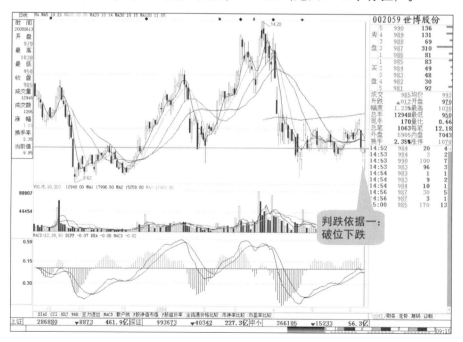

图4-43

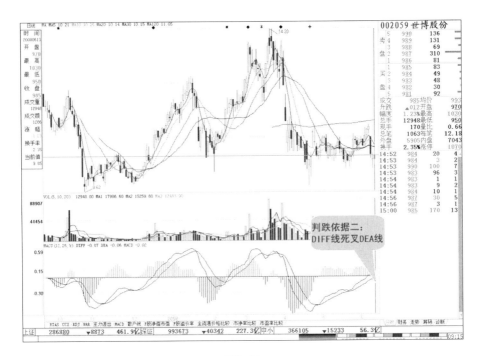

图4-44

图4-45

实战应用12——伊利股份

Exercise 12

伊利股份（600887），1996年3月12日上市，总股本79932.28万股，流通股72775.32万股，历史最高价为1999年8月9日的42.17元，历史最低价为1996年5月31日的7.83元。主营乳制品的制造，食品、饮料加工，农畜产品及饲料加工。该公司的主要产品为乳制品及其深加工产品，包括雪糕、冰淇淋、奶粉、无菌牛奶以及各种鲜牛奶和奶饮料等。

图4-46是该股2008年6月17日的收市图。从图中可以看出，该股近日出现反弹行情，后市还会沿着反弹惯性继续上涨，目前仍可短线做多。判断该股还有一涨的依据有：

一是依据"突破平台"的走势判断该股还有一涨。该股的平台出现在2008年6月11日－6月16日，由4条横盘的星形小阳

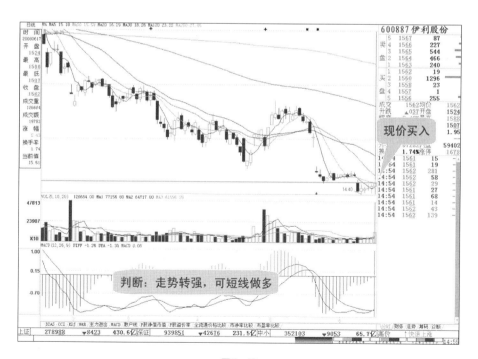

图4-46

线组成，平台的高点价位为15.42元，2008年6月17日收一中阳线，收盘价为15.65元，向上突破了平台高点0.23元（见图4-47上标注）。

二是依据"平底加金叉"走势，判断该股还会继续上涨。2008年6月11日-6月13日，该股的DIFF线3天均为-1.40，形成平底形态，6月17日，DIFF线上升到-1.26，当日的DEA线为-1.30，DIFF线向上穿过了DEA线-0.04，形成"金叉"。"平底金叉"组合是相当可信的上涨信号，该形态出现后，股价会继续上涨一段，在目前价位做多，短线获利十分可靠（见图4-48下标注）。

该股的后市走势印证了以上的分析，判断后，第二天就收了一条大阳线，股价由2008年6月17日（判断日）的15.65元上升到2008年6月18日的16.38元，上涨了4.66%。其后，该股又继续上涨了20多天，股价由判断日的15.65元上升到2008年7月3日的17.90元，累计上涨了14.37%（见图4-49上右标注）。

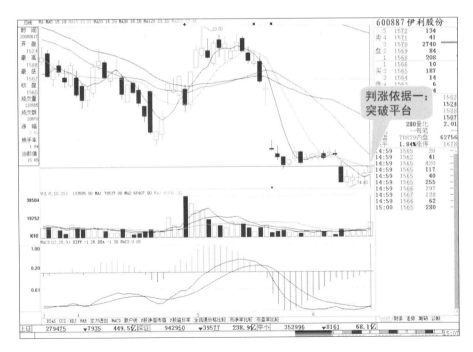

图4-47

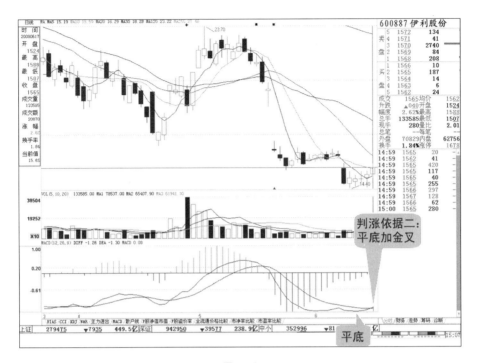

图4-48

图4-49

实战应用13——东北证券

Exercise 13

东北证券（000686），1997年2月27日上市，总股本58119.31万股，流通股15151.36万股，历史最高价为2007年10月16日的74.88元，历史最低价为2005年7月12日的2.82元。主营国内外的证券代理买卖，代理证券还本付息、分红派息，证券代保管，鉴证，代理登记开户，证券自营买卖，证券的承销，客户资产管理，证券投资咨询等。

图4-50是该股2008年6月17日的收市图。从图中可以看出，该股近日阴跌不止，应继续卖出。判断该股还有一跌的依据有：

一是依据"跌破前低"的走势判断该股还有一跌。该股的"前低"出现在2008年4月3日，低点价位为21.11元，2008年6月17日（判断日），该股收下一条跌停大阴线，收盘价为19.49

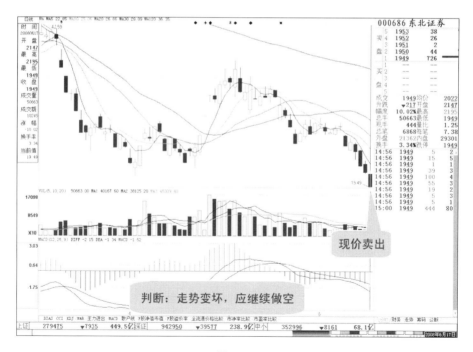

图4-50

元，跌破前低1.60元（见图4-51下右标注）。"跌破前低"是十分可信的继续下跌信号，据此做空，很少失误。但要注意的是，该股已处在下跌的尾声，卖出后，要注意在适当的价位接回，以免踏空。

二是依据"DIFF线还有一离未出现"的走势判断该股还会继续下跌。经验告诉我们，下降行情中的"三离三靠"全部走完后，跌势才会告一段落，该股到判断日为止，DIFF线还只走到第二离第二靠的位置，下面还有第三离第三靠待走。也就是说，该股还有一波下跌走势未完，所以判断该股还有一跌，应继续卖出股票（见图4-52下标注）。

该股的后市走势印证了以上的分析，判断后，该股第二天又几乎跌停，股价由2008年6月17日（判断日）的19.49元下跌到2008年6月18日的17.72元，下跌了9.08%（见图4-53下标注）。

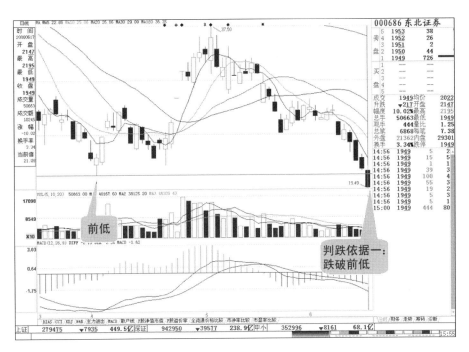

图4-51

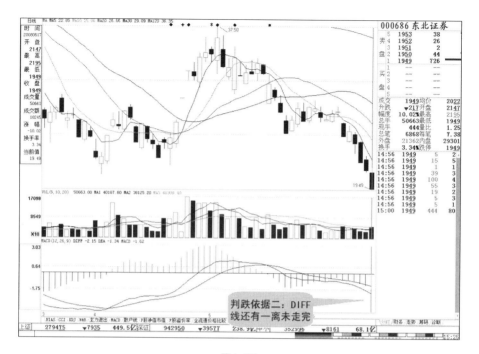

图4-52

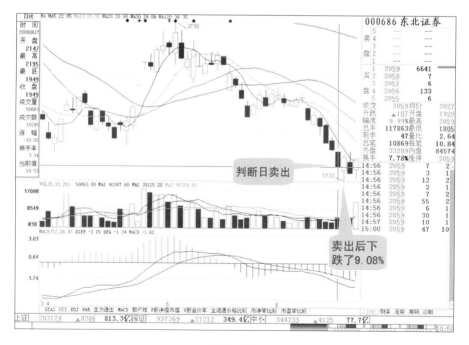

图4-53

实战应用14——滨海能源

Exercise 14

　　滨海能源（000695），曾用名灯塔油漆，1997年2月18日上市，总股本22214.75万股，流通股13849.64万股，历史最高价为2001年6月8日的24.34元，历史最低价为2005年12月6日的2.41元。主营电力、热力、工程设备、配件的生产，工程维修、工程技术咨询、自有房屋和机械设备的租赁，利用灰渣制作灰砖等。

　　图4-54是该股2008年6月18日的收市图。从图中可以看出，该股经过一段深跌后，近日收了阳线，出现了止跌企稳迹象，后市会有一波反弹行情到来，短线有望上升到10.82元附近，中线有望上升到11.70元上下，多头可现价买入，中线至少能获得20%以上的收益。判断该股反弹的依据有：

　　一是依据"向上回补缺口"的走势判断该股会出现一波较大的反弹行情。该股在2008年5月28日—6月11日的这段下降行情中

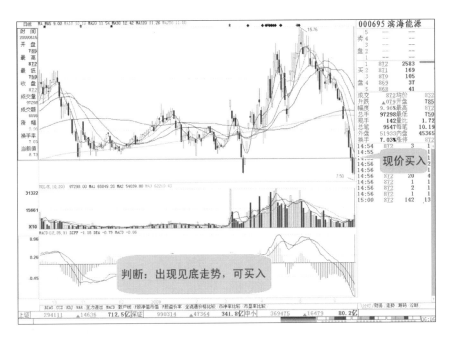

图4-54

出现了两个向下跳空的缺口，第1个缺口出现在6月6日与6月7日之间，缺口的上限为11.71元，第二个缺口出现在6月10日与6月11日之间，缺口的上限为10.82元。缺口的走势规律是：前期下降行情中形成的下跌缺口会在后市的反弹行情中得到回补，按回补第一个缺口计算，该股后市可反弹到11.70元附近，有34.40%的升幅，按回补最下面的一个缺口计算，有24.08%的升幅，在目前价位做多，获利相当可靠（见图4-55）。

二是依据处在零轴线下方的MACD柱线缩短的走势判断该股即将出现反弹行情。处在零轴线下方的MACD柱线如果出现了向上缩短的走势，那就表明下降行情的结束，反弹行情的到来。2008年6月17日，该股的MACD柱线为-0.96，6月18日（判断日）MACD柱线为-0.86，比前一日缩短了-0.10。这一走势告诉我们，该股已调整到位了，可在缩短日买入股票，后市能有把握获利（见图4-56下标注）。

该股的后市走势印证了以上的分析，判断后的第二天，该股就向上反弹，一连上涨了5天，股价由2008年6月18日（判断日）

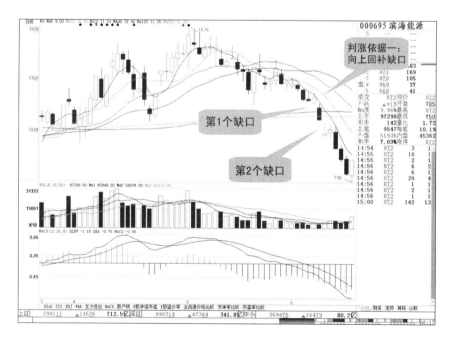

图4-55

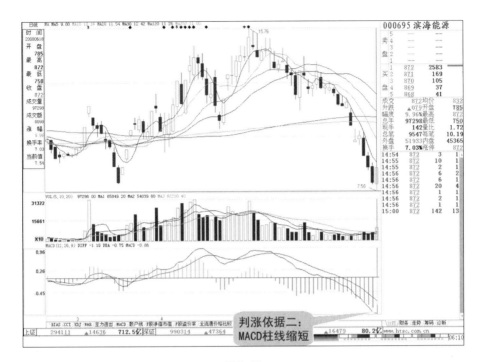

图4-56

图4-57

的8.72元上升到2008年6月26日的9.99元，上涨了14.56%（见图4-57右标注）。这仅是反弹行情的预演，夯实底部后，该股会按分析的那样，完成向上回补缺口的任务，在判断日做多的投资者，只要耐心守候，到时就会有丰厚的回报。

实战应用15——金宇车城

Exercise 15

本节及其后的中通客车（000957）、韶能股份（000601）、九龙电力（600292）、中体产业（600158）、粤电力（000539）、ST一投（600515）、新安股份（600596）、四川路桥（600039）、以及上证指数（000001）等股票的实战应用，不再用文字解说，只在当日的K线图上进行标注，请读者仔细读图，如有"看不懂"的地方，可随时反映，以便再版时加以订正。

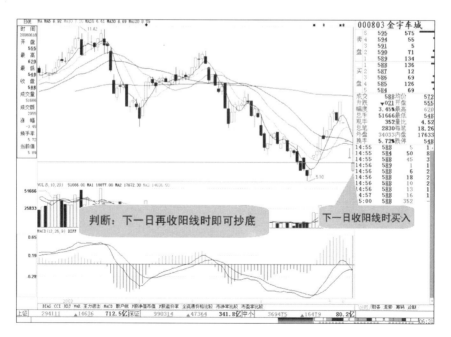

图4-58

图4-59

图4-60

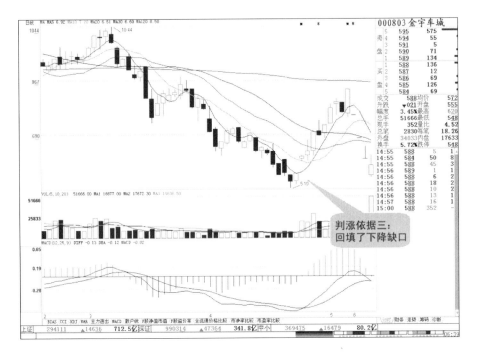

图4-61

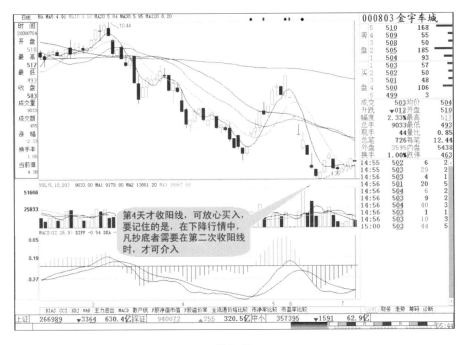

图4-62

图4-63

图4-64

图4-65

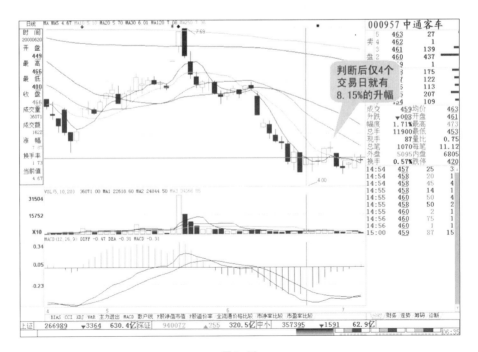

图4-66

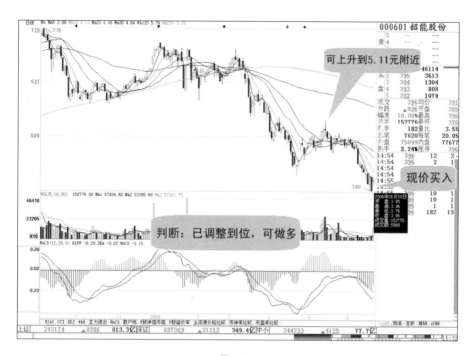

图4-67

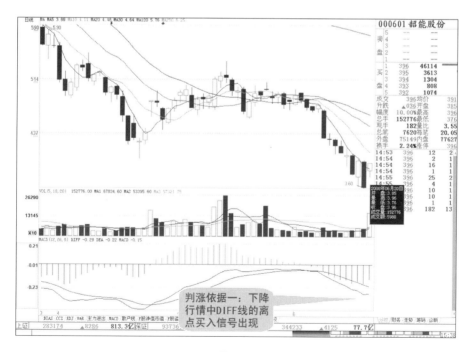

图4-68

图4-69

图4-70

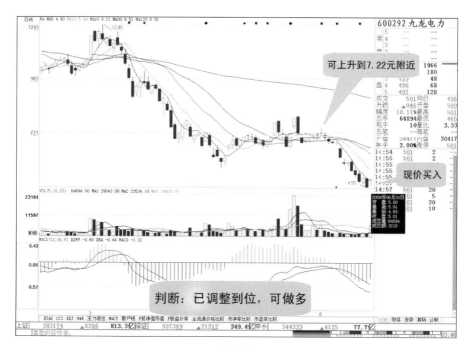

图4-71

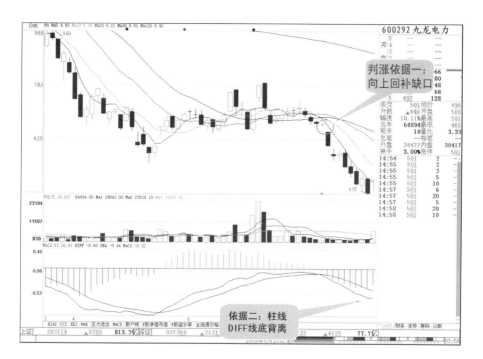

图4-72

图4-73

图4-74

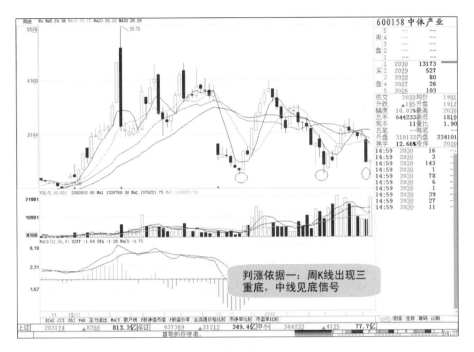

图4-75

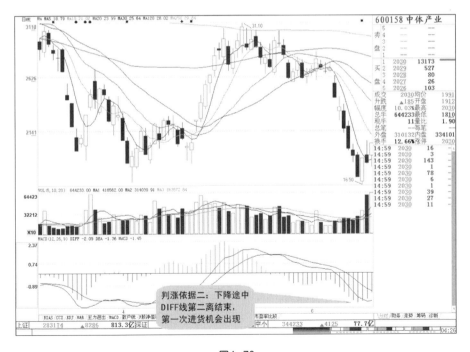

图4-76

图4-77

图4-78

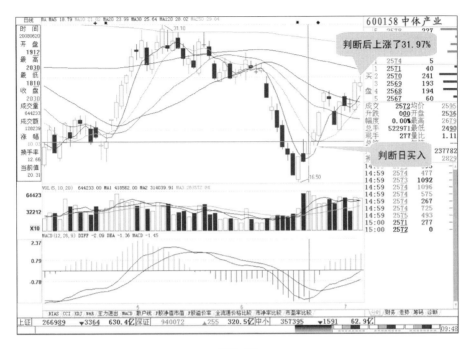

图4-79

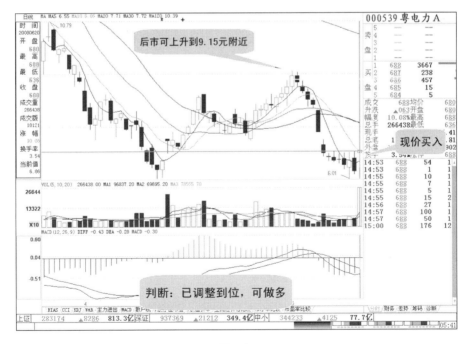

图4-80

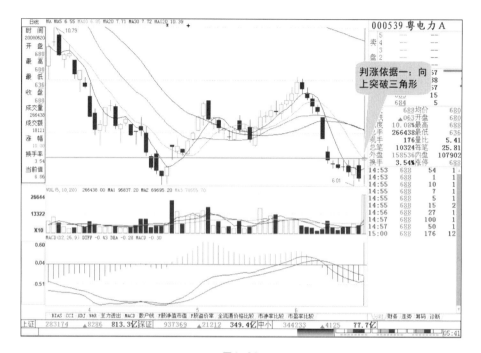

图4—81

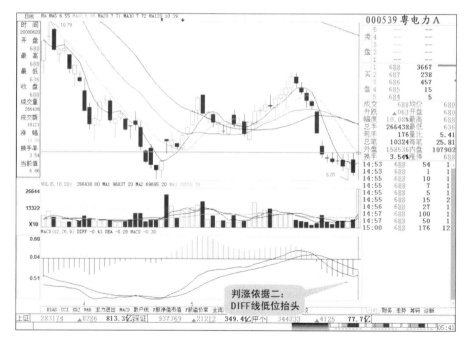

图4—82

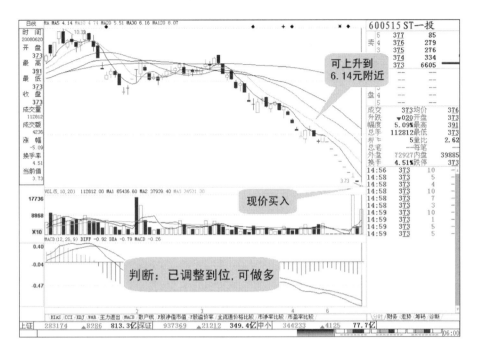

图4-83

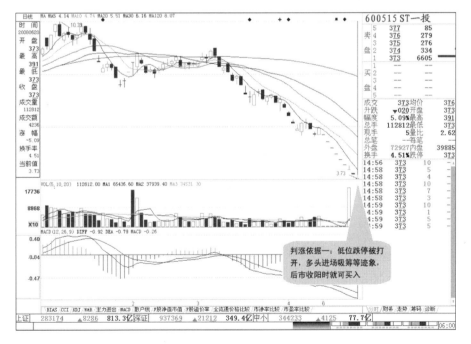

图4-84

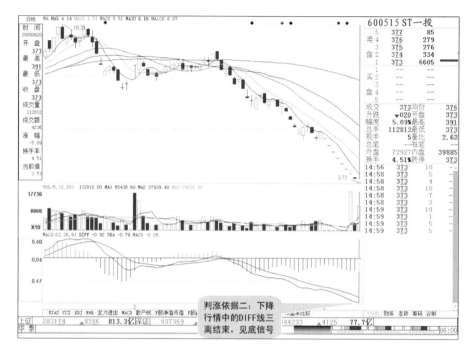

图4-85

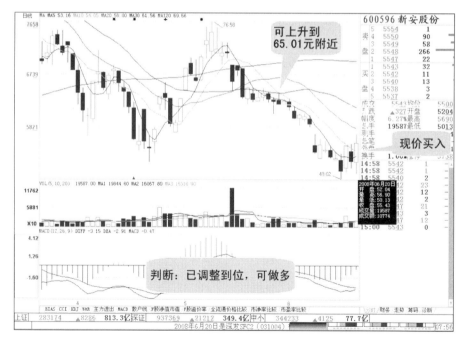

图4-86

图4-87

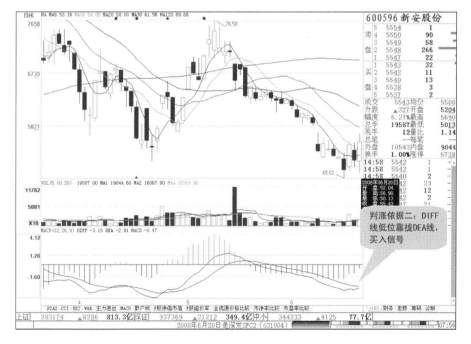

图4-88

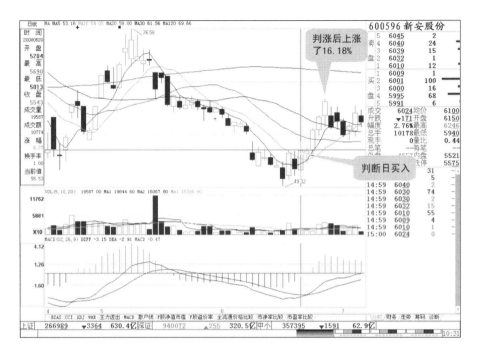

图4—89

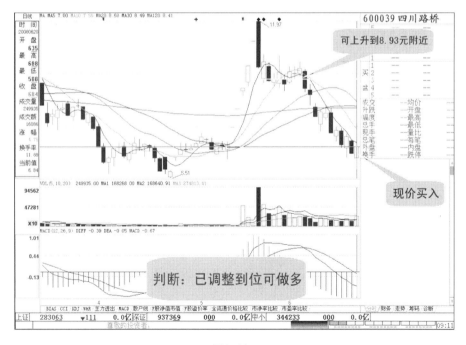

图4—90

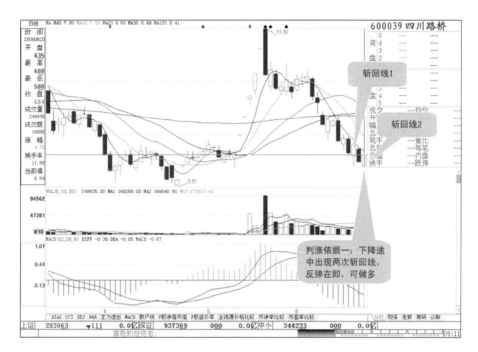

图4-91

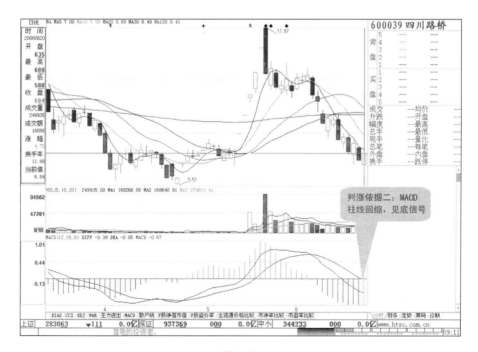

图4-92

图4-93

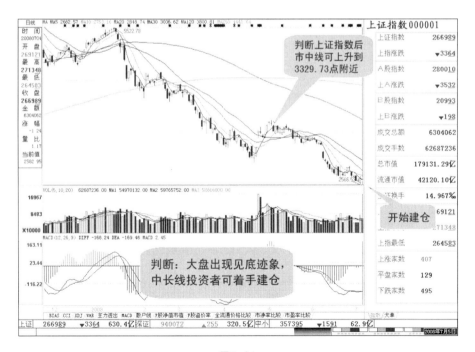

图4-94

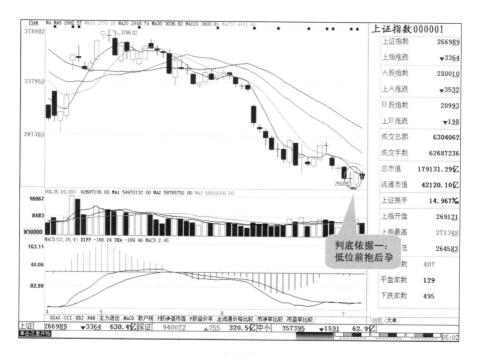

图4-95

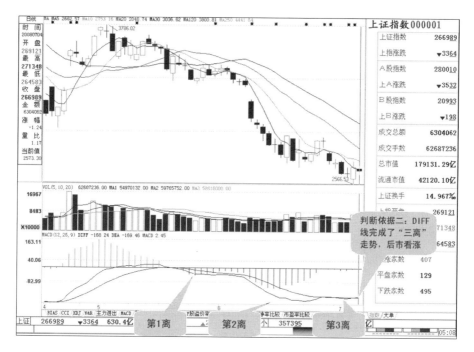

图4-96

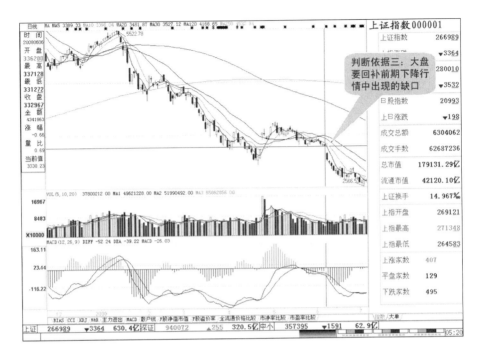

图4-97

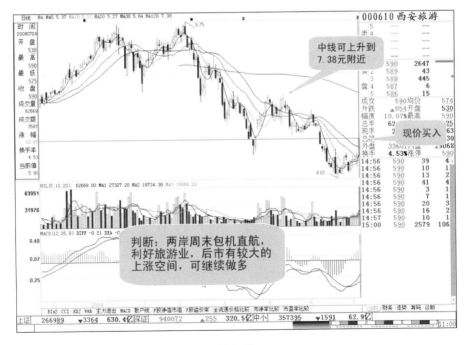

图4-98

图4-99

图4-100

第五章

Chapter5

对上年判断的验证

2007年9月下旬，笔者在写作新版《炒股先看成交量》一书时，为了检测技术指标的有效性，于2007年9月21日、9月27日和9月28日三天，分别对汇通能源（600605）、小天鹅（000418）、中华企业（600675）、山河智能（002097）、金种子酒（600199）、东信和平（002017）、鄂武商（000501）、鹏博士（600804）、江苏吴中（600200）、鑫富药业（002019）、鄂尔多斯（600295）、风华高科（000636）、力源液压（600765）、大亚科技（000910）、咸阳偏转（000697）和桐君阁（000591）等16支股票的后市走势进行了分析，其中，判断汇通能源（600605）、小天鹅（000418）和中华企业（600675）等三支股票会下跌，应即时做空；判断鄂尔多斯（600295）和咸阳偏转（000697）两支股票属横盘整理，上下两难，须等待观望；判断山河智能（002097）、金种子酒（600199）等11支股票会上涨，可在当天或第二天现价买入。

判断之后，就将书稿寄给了出版社，2008年6月，该书在海南出版发行，上述股票只有当年的涨跌判断，没有来得及看结果（见《炒股先看成交量》一书234页—257页及图8-13~图8-48）。今天（指2010年1月21日本书的最后定稿日）借本书出版的机会，对上述股票的后市走势进行了印证。印证的结果是，判断下跌的三支股票，分别下跌了33.86%，14.28%和76.86%，准确率达100%。判断上涨的11支股票，有九支上涨，两支下跌，准确率为81.81%。判断横盘整理上难下也难的两支股票，一支先扬后抑，一支一路下跌，"盘整不入"的判断也是正确的。总的来讲，一年前判断的股票，准确率相当高，这表明笔者当年应用的技术指标是可信的，读者也可以放心使用。2007年判断的16支股票的走势数据见表5-1和图5-1~图5-48。

表5-1 2007年判断的16支股票的走势数据表

2007年9月份的判断				印证			备注
判断 日期	股票名称 （代码）	判断日 股价	判断后 市走势	印证 日期	印证日 股价	涨跌 幅度	
2007.9.21	汇通能源 (600605)	18.90元	下跌	2007.10.26	12.50元	-33.86%	判断正确
2007.9.21	小天鹅 (000418)	17.99元	下跌	2007.10.26	15.42元	-14.28%	判断正确
2007.9.27	中华企业 (600675)	29.83元	下跌	2008.6.20	6.90元	-76.86%	判断正确
2007.9.27	山河智能 (002097)	56.42元	上升	2007.10.17	69.99元	+24.05%	判断正确
2007.9.27	金种子酒 (600199)	10.93元	上升	2007.10.9	11.49元	+5.12%	判断正确
2007.9.28	东信和平 (002017)	13.40元	上升	2008.1.24	20.76元	+54.92%	判断正确
2007.9.28	鄂武商 (000501)	17.30元	上升	2007.10.11	17.85元	+3.17%	判断正确
2007.9.28	鹏博士 (600804)	28.44元	上升	2007.10.16	33.33元	+17.19%	判断正确
2007.9.28	江苏吴中 (600200)	6.66元	上升	2007.10.29	4.80元	-27.92%	判断有误
2007.9.28	鑫富药业 (002019)	40.42元	上升	2007.10.17	43.38元	+19.69%	判断正确
2007.9.28	鄂尔多斯 (600295)	15.71元	上下 两难				判断正确
2007.9.28	风华高科 (000636)	15.15元	上升	2007.11.12	9.50元	-37.29%	判断有误
2007.9.28	力源液压 (600765)	44.97元	上升	2007.10.10	48.49元	+7.82%	判断正确
2007.9.28	大亚科技 (000910)	14.74元	上升	2007.10.8	15.20元	+3.12%	
2007.9.28	咸阳偏转 (000697)	7.67元	上下 两难				判断正确
2007.9.28	桐君阁 (000591)	13.80元	上升	2007.11.2	15.90元	+15.21%	判断正确

说明：
（1）判断下跌的3支股票，分别下跌了33.86%、14.28%和76.86%，准确率为100%。
（2）判断上涨的11只股票，有9支上涨，2支下跌，准确率为81.81%。
（3）判断上下两难的股票，一支先涨后跌，一支判断后就一路下跌，不操作的分析也是正确的。

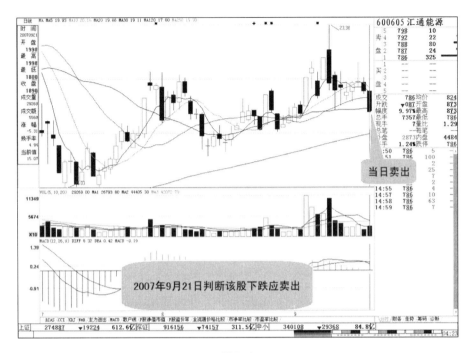

图5-1

图5-2

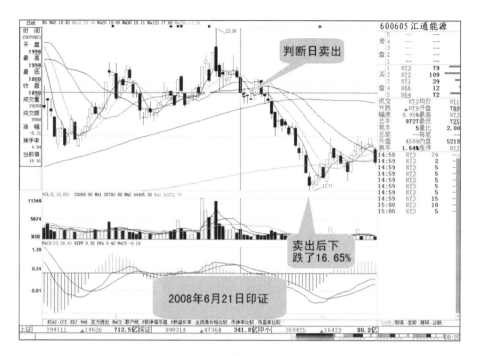

图5-3

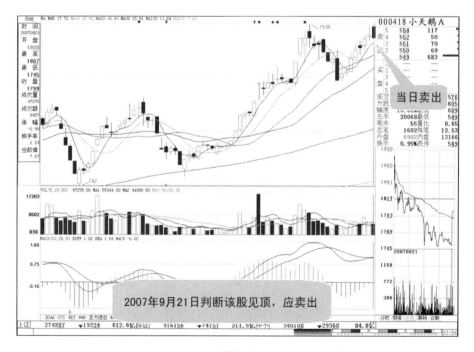

图5-4

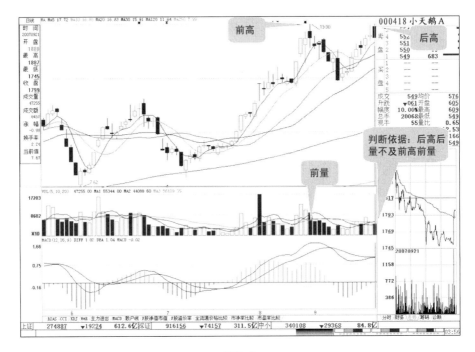

图5-5

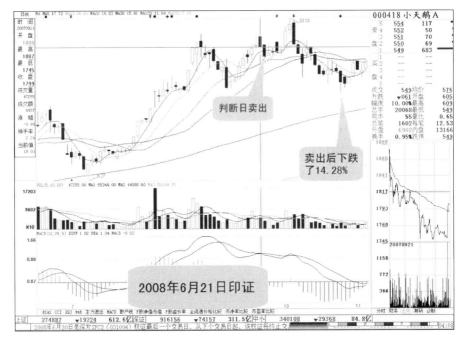

图5-6

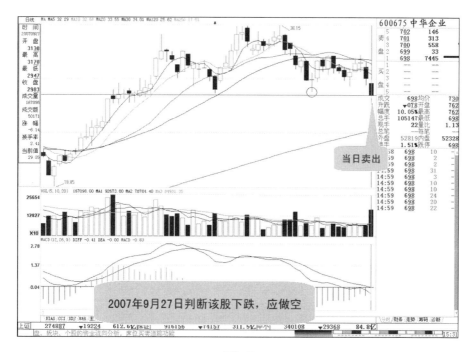

图5-7

图5-8

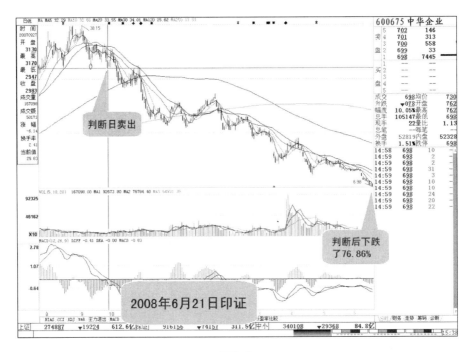

图5-9

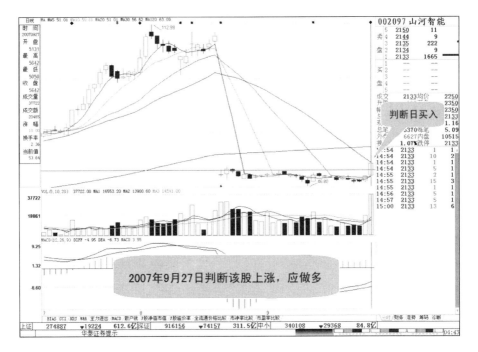

图5-10

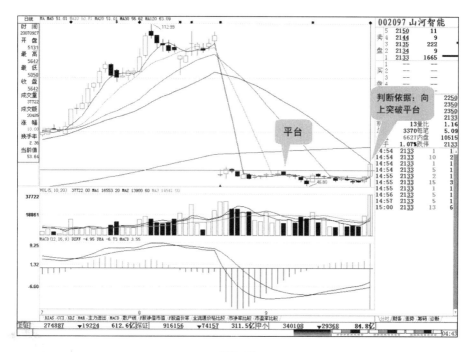

图5-11

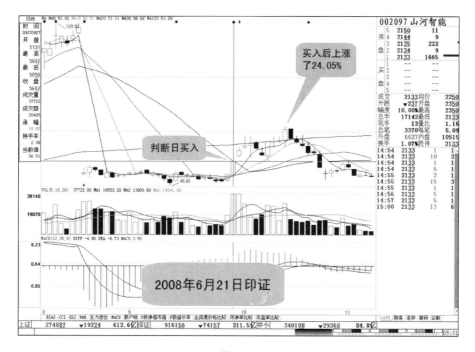

图5-12

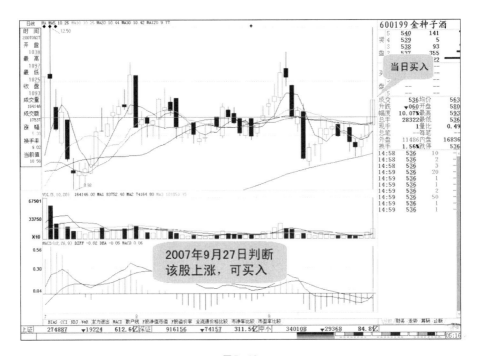

图5-13

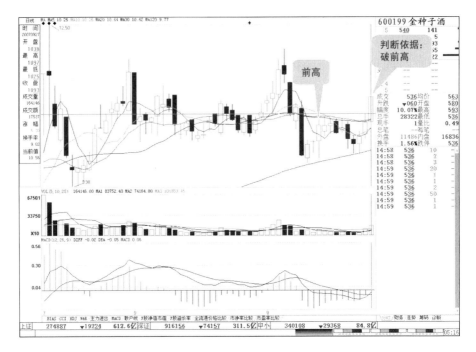

图5-14

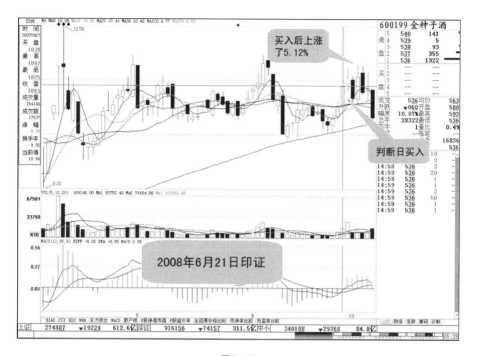

图5-15

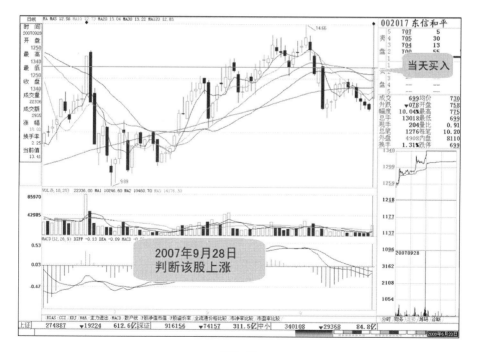

图5-16

图5-17

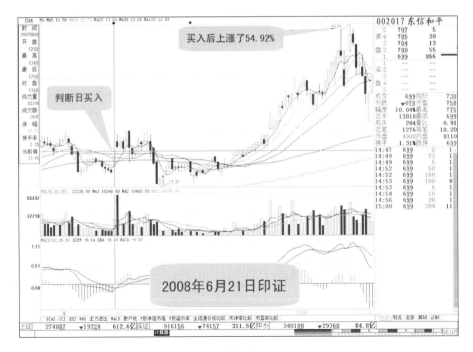

图5-18

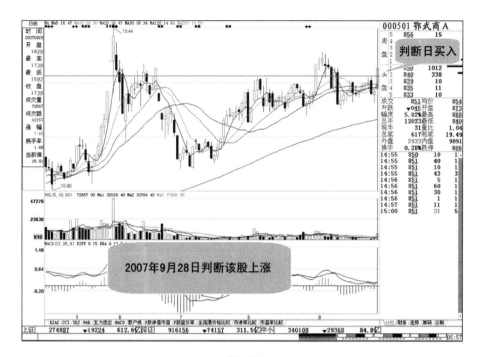

图5-19

图5-20

图5-21

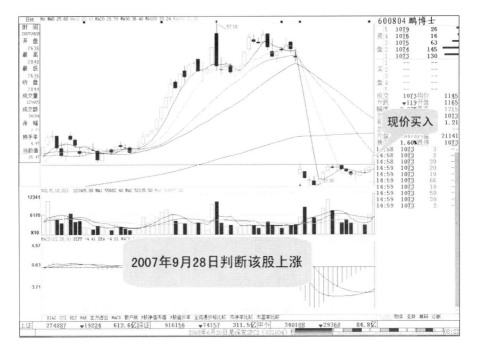

图5-22

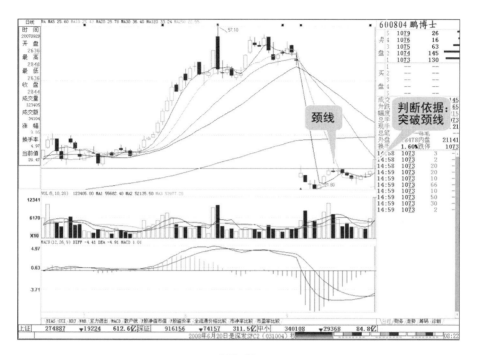

图5-23

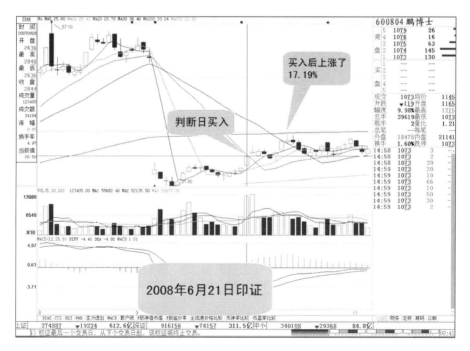

图5-24

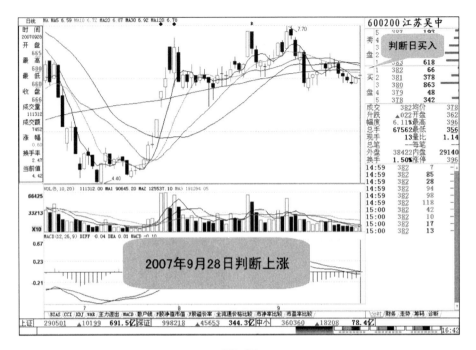

图5-25

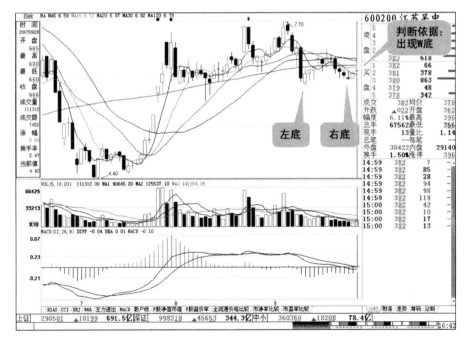

图5-26

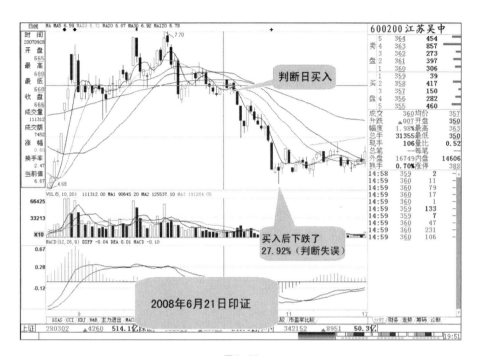

图5-27

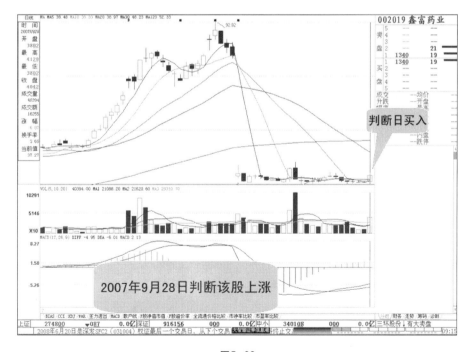

图5-28

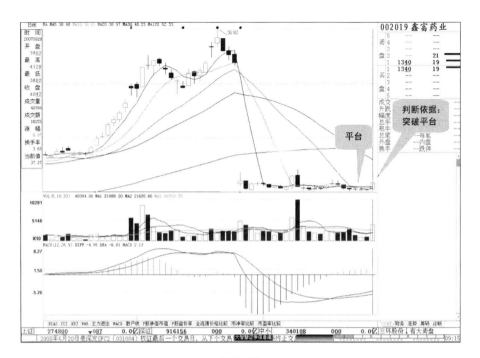

图5-29

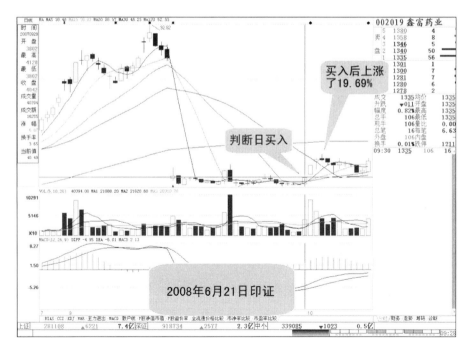

图5-30

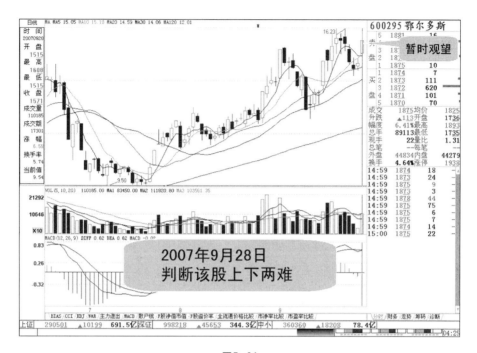

图5-31

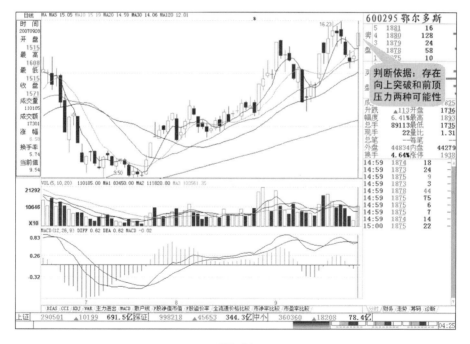

图5-32

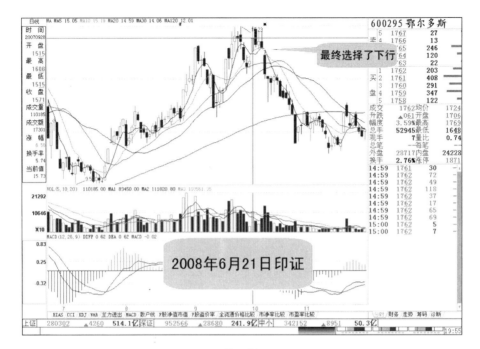

图5-33

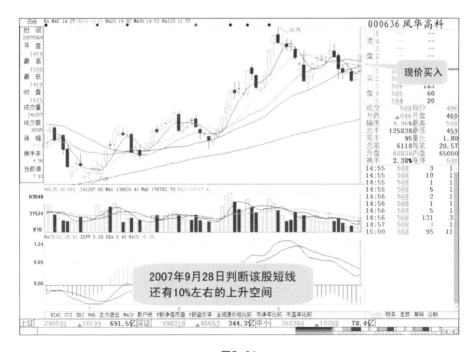

图5-34

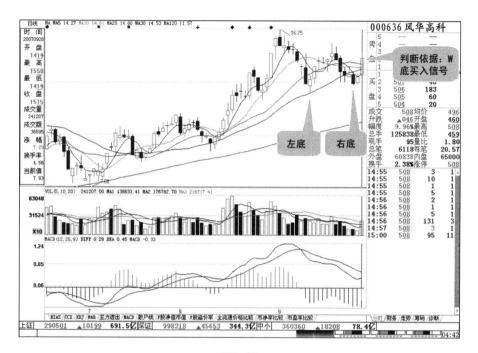

图5-35

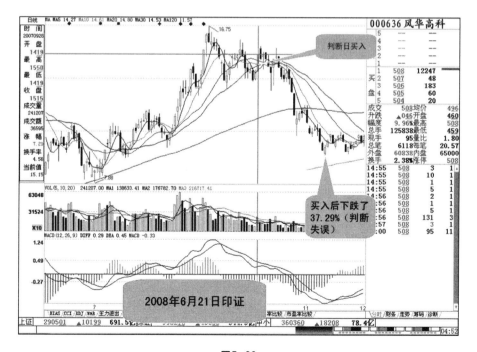

图5-36

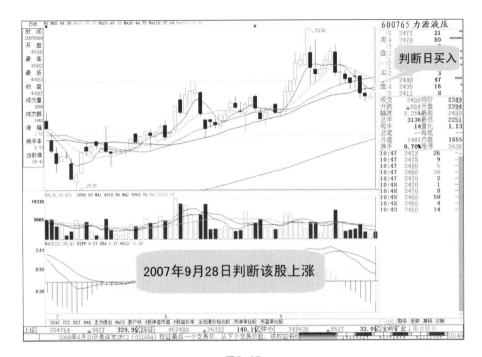

图5-37

图5-38

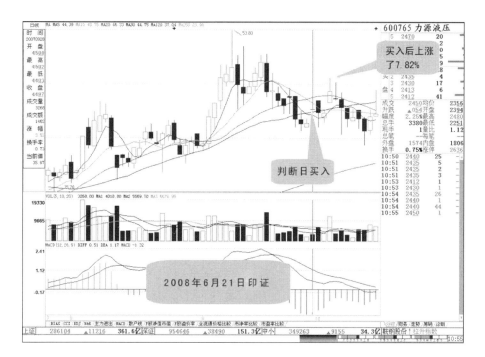

图5-39

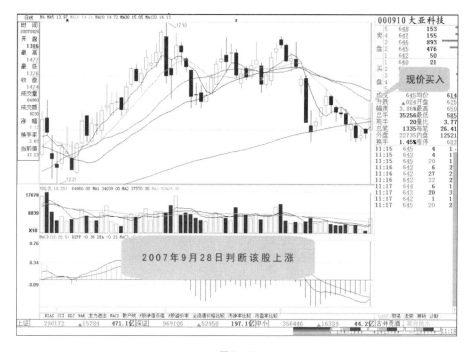

图5-40

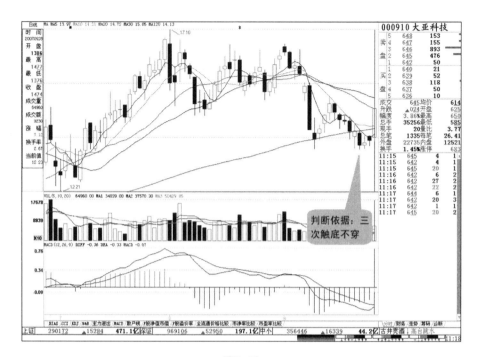

图5-41

图5-42

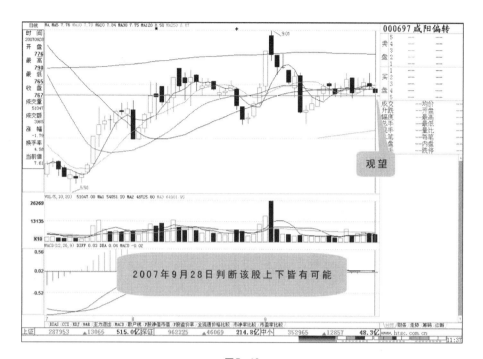

图5-43

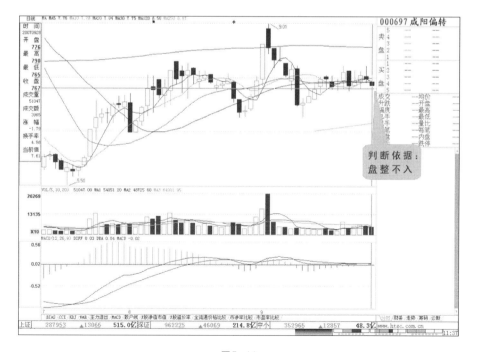

图5-44

图5-45

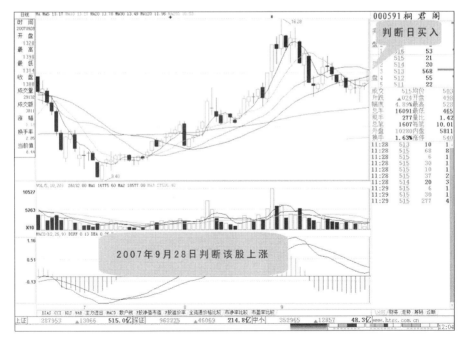

图5-46

图5-47

图5-48

经过笔者长期检验过的指数平滑异同移动平均线（MACD）新组合，是十分可信的炒股参考指标，但笔者从不认为可信的参考指标就能保证人人都能赚钱或次次都能赚钱。因为各人的心态不同，所以应用的效果也会不一样，再加上任何技术指标都不是万能的，一旦出现了逆势走势，就难免不会造成损失。为此，笔者要特别强调的是，为了防止意外，应用本书的技术指标买卖股票时，应注以下几点：

1.在下降行情中，尽量避免做多，即使抢反弹，也只能快进快出做短线，稍有盈利，就应"落袋为安"。

2.在上升行情中，少做短线，持股时间适当放长，争取一次赚足。

3.无论在什么情况下，只要买入，就应设置好止损点。买进股票后，当行情逆势下行，跌破了止损价位时，就应毫不犹豫地斩仓出逃，以保证主体资金的安全。

作者：周家勋 周涛

2010年2月4日

书　名	作　者	译　者	定价
"引领时代"金融投资系列书目			
世界交易经典译丛			
我如何以交易为生	〔美〕加里·史密斯	张　轶	42.00元
华尔街40年投机和冒险	〔美〕理查德·D.威科夫	蒋少华、代玉簪	39.00元
非赌博式交易	〔美〕马塞尔·林克	沈阳格微翻译服务中心	45.00元
一个交易者的资金管理系统	〔美〕班尼特·A.麦克道尔	张　轶	36.00元
非波纳奇交易	〔美〕卡罗琳·伯罗登	沈阳格微翻译服务中心	42.00元
顶级交易的三大技巧	〔美〕汉克·普鲁登	张　轶	42.00元
以趋势交易为生	〔美〕托马斯·K.卡尔	张　轶	38.00元
超越技术分析	〔美〕图莎尔·钱德	罗光海	55.00元
商品期货市场的交易时机	〔美〕科林·亚历山大	郭洪钧、关慧——海通期货研究所	42.00元
技术分析解密	〔美〕康斯坦丝·布朗	沈阳格微翻译服务中心	38.00元
日内交易策略	〔英、新、澳〕戴维·班尼特	张意忠	33.00元
马伯金融市场操作艺术	〔英〕布莱恩·马伯	吴　楠	52.00元
交易风险管理	〔美〕肯尼思·L.格兰特	蒋少华、代玉簪	45.00元
非同寻常的大众幻想与全民疯狂	〔英〕查尔斯·麦基	黄惠兰、邹林华	58.00元
高胜算交易策略	〔美〕罗伯特·C.迈纳	张意忠	48.00元
每日交易心理训练	〔美〕布里特·N.斯蒂恩博格	沈阳格微翻译服务中心	53.00元
逻辑交易者	〔美〕马克·费舍尔	朴兮	45.00元
市场交易策略	〔美〕戴若·顾比	罗光海	48.00元
股票即日交易的真相	〔美〕乔希·迪皮特罗	罗光海	36.00元
形态交易精要	〔美〕拉里·派斯温托、莱斯莉·久弗拉斯	张意忠	38.00元
战胜金融期货市场	〔美〕阿特·柯林斯	张轶	53.00元

国内原创精品系列			
如何选择超级黑马	冷风树	——	48.00元
散户法宝	陈立辉	——	38.00元
庄家克星（修订第2版）	童牧野	——	48.00元
老鼠戏猫	姚茂敦	——	35.00元
一阳锁套利及投机技巧	一阳	——	32.00元
短线看量技巧	一阳	——	35.00元
对称理论的实战法则	冷风树	——	42.00元
金牌交易员操盘教程	冷风树	——	48.00元
黑马股走势规律与操盘技巧	韩永生	——	38.00元
万法归宗	陈立辉	——	40.00元
我把股市当战场（修订第2版）	童牧野	——	38.00元
金牌交易员的36堂课	冷风树	——	42.00元
零成本股票播种术	陈拥军	——	36.00元
降龙伏虎	周家勋、周涛	——	48.00元
金牌交易员的交易系统	冷风树	——	42.00元
金牌交易员多空法则	冷风树	——	42.00元

更方便的购书方式：

方法一：登录网站http://www.zhipinbook.com联系我们；

方法二：登录我公司淘宝店铺（http://zpsyts.mall.taobao.com）直接购买；

方法三：可直接邮政汇款至：北京朝阳区水碓子东路22号团圆居D座101室

收款人：白剑峰　　　邮编：100026

注：如果您采用邮购方式订购，请务必附上您的详细地址、邮编、电话、收货人及所订书目等信息，款到发书。我们将在邮局以印刷品的方式发货，免邮费，如需挂号每单另付3元，发货7-15日可到。

请咨询电话：010-85962030（9：00-17：30，周日休息）

网站链接：http://www.zhipinbook.com

丛书工作委员会

谭　琼	颜志刚	张　弘	郭洪芬	胡万丽	田腊秀
童　斌	杜素青	冯庆国	汪学敏	聂献超	申文杰
刘安芝	李凤雅	郎振环	罗爱群	孙继颖	孙珊珊
徐银忠	徐丽娜	霍艳武	王晓峰	邹长海	郭振山
李志安	杨燕君	韩智佳	王凌寒	王祥意	王胜强
马熊苗	魏　亚	朱杏英			

本书工作委员会

周家勋	熊仁丹	王江风	黑启东	陶文艳	刘龙宜
刘　记	王文雯	宋立志	王清宇	刘海军	武润玲
王德新	郭　宾	陈胜河	贾松波	毛智勇	骈宇骞
王道琴	李宇鹏	田　萌	田　蕾	吕祥雨	王　展
刘引弟	李　凌	杜　斌	赵　凯	许旭红	杨飞龙
常　明	侯丽媛	贾　茹	毛亚楠	宋立强	桑彩虹
宋占军	钱可华